Salz & Pfeffer

Jody Vassallo

Salz & Pfeffer

Fotos Deidre Rooney

CHRISTIAN VERLAG

Einführung

Schon immer wurden Salz und Pfeffer wegen ihrer kulinarischen Qualitäten geschätzt. Seit Jahrhunderten verwendet man Salz zum Konservieren unzähliger Nahrungsmittel. Als Tauschware avancierte es sogar zum Zahlungsmittel. Heute setzen Köche auf der ganzen Welt auf Salz und gesalzene Aromazutaten, um ihre Speisen zu würzen und den Eigengeschmack der Zutaten zu heben. In Asien schätzt man das kräftige Aroma von Fischsauce, Sojasauce und Miso. In Nordafrika und im Nahen Osten schwört man auf die säuerlichsalzige Würze eingelegter Zitronen oder auf fleischige, saftige Oliven, und aus der mediterranen Küche sind Anchovis, Kapern, Haloumi oder gepökeltes Fleisch und gesalzener, getrockneter Fisch gar nicht wegzudenken. Dieses Buch bietet eine Auswahl an Rezepten, bei denen viele dieser gesalzenen Produkte und Würzmittel aus aller Welt zum Einsatz kommen. In gut sortierten Supermärkten und Feinkostläden sind sie heute überall erhältlich. Hinzu kommen einige einfache Gewürzmischungen und Marinaden zum Selbermachen.

Wo Salz ist, ist sein treuester Partner, der Pfeffer, nicht weit. Bei Tisch und in der Küche wird er nicht weniger geschätzt. Häufig als „König der Gewürze" bezeichnet, gehörte Pfeffer lange zu den göttlichen Opfergaben und diente sogar als Zahlungsmittel zur Entrichtung von Pachtzins und Steuern. Doch ähnlich wie beim Salz hat sich sein Aktionsradius im Laufe der kulinarischen Geschichte verschoben. So diente er ursprünglich noch häufig als Konservierungsmittel und erst später vorrangig als delikater Aromaspender. Die vorliegenden Rezepte geben viele Anregungen, wie man Pfeffer gekonnt und mit dem richtigen Fingerspitzengefühl einsetzt, und das nicht nur bei salzigen Speisen, sondern auch in der Dessertküche. Die meisten wissen gar nicht, dass Pfeffer das Aroma vieler süßer Zutaten wunderbar zur Geltung bringt und gerade in Verbindung mit Früchten wie Rhabarber, Äpfeln und roten Beeren für ungeahnten Pfiff sorgt. Seine anregende Wirkung auf die Verdauung ist ohnehin bekannt – weshalb man besonders bei sahnereichen Zubereitungen gerne zu Pfeffer greift.

Erstklassige Produkte von größtmöglicher Frische sind heute überall problemlos zu finden, doch wissen die wenigsten, welches Salz sich für welche Zubereitung eignet, welches besser zum Kochen oder als Tischwürze verwendet wird. Auch Pfeffer sorgt immer wieder für Verwirrung. Welchen soll man nehmen, schwarzen oder weißen? Welche Speisen gewinnen durch roten oder grünen? Dieses Buch gibt eine ganze Reihe von Antworten auf Fragen zu den unterschiedlichen Salz- und Pfeffersorten. Ich bin sicher, Sie werden schon bald Rezepte auswählen, um diese oder jene Sorte auszuprobieren oder mit dem Farbspiel von buntem Pfeffer bei Ihren Gästen Eindruck zu machen. Und Sie werden bald verstehen, warum dieses unzertrennliche Paar seit Menschengedenken verehrt wird. Ich wüsste zu gern, wer Ihr persönlicher Favorit wird.

Jody Vassallo

Salz

MEERSALZ Das aus groben Kristallen bestehende milde Salz wird durch Eindampfen und Verdunsten von Meerwasser gewonnen und ist wegen seiner guten Löslichkeit für die meisten Zubereitungen geeignet. Es ist mild im Geschmack und reich an Mineralien. Verwendet wird es als Streusalz für Gemüse und Salate, aber auch zum Einreiben von Fleisch, Geflügel und Meeresfrüchten.

SELLERIESALZ Diese Mischung aus feinem Salz und gemahlenen Selleriesamen assoziiert man in erster Linie mit Bloody Mary und Tomatensaft, doch schätzt man Selleriesalz auch in Trockenmarinaden für Fisch und zum Würzen von Sandwichbelag. Es schmeckt zudem wunderbar in Dips aus Sauerrahm oder Frischkäse.

SALZBLÜTE (FLEUR DE SEL) Salzblüte aus Frankreich besteht aus feinsten Kristallen, die sich an der Oberfläche der Salinenkruste absetzen. Es ist der am wenigsten salzige und zugleich reinste Teil der Salzgärten. Das ungemein delikate Aroma der Salzblüte passt zu allen Speisen, ganz besonders aber zu hellem Fleisch. Bei Suppen ziehe ich es dem traditionellen Brühwürfel vor.

GROBES SALZ Gewöhnlich füllt es die Salzmühlen, doch ist grobes Salz auch ideal für Marinaden oder Zubereitungen in der Salzkruste. Als Streusalz zum direkten Würzen ist es weniger geeignet, umso besser aber für langsam garende Gerichte, bei denen es Zeit genug hat, sich aufzulösen.

GUÉRANDE-SALZ Dieses mineralienreiche Meersalz aus der Bretagne wird von Hand geerntet und überall dort von der Oberfläche der Salinen abgeschöpft, wo das Meerwasser verdunstet ist. Guérande-Salz ist von zartgrauer oder rosa Farbe und subtilem Aroma. Da es etwas feuchter als andere Sorten ist, neigt es zur Klümpchenbildung, daher verwende ich es vor allem zum Kochen.

ROSA KRISTALLSALZ Dieses hochwertige und entsprechend teure Salz stammt aus dem Inneren der Erde. Sein vielschichtiges Aroma macht es zum idealen Streu- und Kochsalz. Da es gut rieselt und schön aussieht, verwende ich es gern zum Bestreuen von Kartoffeln, Beignets und anderen fettgebackenen Speisen.

HIMALAJA-SALZ Das feinkörnige, rosafarbene Salz entstand vor 200 Millionen Jahren durch die Austrocknung der Binnenmeere. Seine Farbe verdankt es dem Eisengehalt des Bodens. Sein delikates Aroma harmoniert mit allen Speisen. Als Garnitur für eine Margarita oder über Gemüse gestreut ist es auch optisch sehr wirkungsvoll.

TAFELSALZ Das sehr feine Tafelsalz würzt ausgesprochen intensiv und sollte daher mit Bedacht eingesetzt werden. Anders als Salzblüte und Guérande-Salz, die als Aromaspender dienen, wird Tafelsalz in erster Linie zum Salzen verwendet. Es eignet sich auch ideal für in Essig eingelegte Speisen und Salzlaken.

Salz in Marinaden und als Streugewürz

Mediterrane Marinade

In einer Schüssel 40 g Salzblüte, 2 ½ TL getrocknete italienische Kräuter und 1 TL abgeriebene Zitronenschale von einer unbehandelten Frucht vermengen. Einen Schuss Olivenöl zugeben und gründlich verrühren. Die Marinade eignet sich wunderbar zum Einreiben von Huhn, Meeresfrüchten und Lamm vor dem Garen oder auch zum Würzen von Kartoffeln und gegrilltem Fleisch.
Ergibt 50 g

Sichuan-Gewürzmischung

In einer Pfanne 3 EL ganze Sichuanpfefferkörner auf mittlerer Stufe 3 Minuten fettlos rösten, bis sie aromatisch duften. Die Pfanne vom Herd nehmen. Die etwas abgekühlten Pfefferkörner im Mörser zermahlen und in einer Schale mit 3 EL rosa Kristallsalz (ersatzweise grobes Himalaja-Salz) vermengen. Die Würzmischung eignet sich vor allem für asiatisch inspirierte Gerichte. Verwendet wird sie wie Salz und Pfeffer als Streu- und Tischgewürz und zum Würzen von Ragouts, Marinaden und Salaten.
Ergibt 90 g

Indische Marinade

In einer Schüssel 1 EL Guérande-Salz, 1 TL gemahlenes Kurkuma, 1 TL gemahlene Koriandersamen, 1 TL gemahlenen Kreuzkümmel (Cumin), 1 TL schwarze Senfkörner, 1 TL Garam Masala und ½ TL Chilipulver sorgfältig vermengen. Die Trockenmarinade sehr sparsam zum Einreiben von Fleisch, Geflügel oder Fisch verwenden. Mit 3 EL Joghurt oder Öl verrührt, dient sie auch zum Einlegen von Fleisch und Geflügel.
Ergibt 90 g

Asiatisches Gewürzsalz

In der Gewürzmühle oder im Mixer 6 kleine, in ganz feine Streifen geschnittene Kaffir-Limettenblätter, 1 TL Chiliflocken und 1 EL getrocknetes Zitronengras durch kurze pulsierende Stöße ganz fein zermahlen. Die Mischung in eine Schale geben und mit 40 g Salzblüte und 1 TL geriebenem Palmzucker oder braunem Zucker vermengen. Dieses Gewürzsalz passt ausgezeichnet zu gegarten Garnelen und anderen Meeresfrüchten. Etwas Limettensaft und ein Schuss Erdnussöl verwandeln die Gewürzmischung in eine pikante Marinade.
Ergibt 90 g

Gomasio – japanisches Sesamsalz

1 EL Salzblüte und 7 EL geröstete Sesamsamen in einem *suribashi* (innen angerauter japanischer Mörser) oder einem herkömmlichen Mörser grob zerstoßen, jedoch nicht zu einer Paste zermahlen. Gomasio schmeckt hervorragend über Reis, Suppen oder Gemüse gestreut.
Ergibt 90 g

Salz

In Salzlake eingelegte Zitronen

In Salz eingelegte Zitronen sind besonders im Mittleren Osten und in Nordafrika ein beliebtes Würzmittel und bewirken sogar bei süßen Speisen wahre Wunder. Es wird nur die Schale verwendet, die zuvor sorgfältig von der weißen Haut und dem Fruchtfleisch befreit und gründlich abgespült wird, um überschüssiges Salz zu entfernen.

Für ein 2-Liter-Glas
Vorbereitung 20 Minuten
Marinierzeit 1 Monat

1 kg unbehandelte, dünnschalige Zitronen
100 g Meersalz (ersatzweise grobes Salz)
2 Lorbeerblätter
½ TL schwarze Pfefferkörner
Saft von 1 kg Zitronen

Die Zitronen waschen und abtrocknen. Die Früchte senkrecht so vierteln, dass sie an der Basis noch zusammenhalten. Die Einschnitte mit dem Salz füllen. Die Zitronen mit den Lorbeerblättern und Pfefferkörnern dicht gedrängt in ein Glasgefäß füllen. Das Gefäß verschließen und die Zitronen 3–4 Tage durchziehen lassen. Das Glas zwischendurch nicht öffnen.

Die Zitronen erneut fest in das Gefäß drücken und mit dem Zitronensaft auffüllen. Er sollte die Früchte vollständig bedecken. Fest verschlossen an einem dunklen Ort 1 Monat marinieren lassen (je länger die Zitronen in der Lake liegen, desto besser schmecken sie).

Salz

Gebratener Haloumi mit Zitrone

Haloumi ist ein wunderbar würziger zypriotischer Käse, meist aus einer Mischung von Schafs-, Ziegen- und Kuhmilch. Er wird in der eigenen Molke gekocht und anschließend mit Salz und getrockneter Minze oder Kreuzkümmel gewürzt, bevor er sechs Wochen in Lake reift.

Für 4 Personen (als Imbiss)
Vorbereitung 10 Minuten
Garzeit 5 Minuten

250 g Haloumi
1 EL Olivenöl
1 EL Zitronensaft
½ EL grob gehackte glatte Petersilie
Zerstoßener schwarzer Pfeffer
4 dicke Scheiben weißes Landbrot
1 Tomate, in dicke Scheiben geschnitten
50 g Rucola

Den Haloumi in dicke Scheiben schneiden. Das Olivenöl in einer großen Pfanne erhitzen, den Käse einlegen und bei mittlerer Hitze in 3–5 Minuten von beiden Seiten goldbraun braten.

Den gebratenen Haloumi mit dem Zitronensaft beträufeln und mit der Petersilie und dem schwarzen Pfeffer bestreuen. Mit dem Brot, den Tomatenscheiben und dem Rucola oder einem Salat Ihrer Wahl servieren.

Salz

Gravlax

Gravlax stammt ursprünglich aus Schweden, wo man ihn gewöhnlich zur Feier des Frühlingsanfangs serviert. Bei einigen Rezepten wird noch ein Esslöffel Wodka zugegeben. Auch bei dieser Version spricht nichts dagegen, wenn Ihnen danach ist. Sie können den Gravlax auch in zwei Portionen zubereiten, indem Sie die Filets halbieren.

Für 12 Personen
Vorbereitung 10 Minuten
Marinierzeit 2 Tage

2 × 750 g Lachsfilet am Stück, mit Haut
1 Bund Dill (etwa 15 g), grob gehackt
200 g grobes Salz
120 g Zucker
4 EL zerstoßener weißer Pfeffer

Die Lachsfilets mit einer Pinzette oder Grätenzange von etwaigen Gräten befreien und mit der Haut nach unten auf eine Lage Frischhaltefolie legen.

Den Dill, das Salz, den Zucker und den Pfeffer vermengen und die Mischung gleichmäßig über den Lachs streuen. Die beiden Filets mit der Fleischseite aufeinander legen und mit mehreren Lagen Frischhaltefolie fest umwickeln. Auf eine große Platte oder ein Blech legen, ein Küchenbrett darauf setzen und mit einem Ziegelstein oder einigen Konservendosen beschweren. Im Kühlschrank 2 Tage marinieren lassen. Den Gravlax alle 12 Stunden wenden und überschüssige Flüssigkeit abgießen.

Den Gravlax aus der Marinade nehmen und in hauchdünne Scheiben schneiden. Wie Räucherlachs mit Brot, Frischkäse oder Crème fraîche und Kapern servieren. Gravlax schmeckt auch köstlich zu Rühreiern und grünem Salat oder schlicht als Belag auf Crackern.

In einem fest verschlossenen Behälter hält sich Gravlax im Kühlschrank bis zu einer Woche. In diesem Fall sollten Sie ihn aber erst kurz vor dem Servieren aufschneiden.

Salz

Eingelegter Schafskäse

Vieles, was heute als Feta auf den Markt kommt, ist aus Kuhmilch hergestellt. Ich persönlich bevorzuge jedoch das Original aus Schafsmilch, schon weil es cremiger ist. Seinen würzig-salzigen Geschmack verleiht ihm die Salzlake, in die der Käse zum Reifen eingelegt wird.

Für ein 500-ml-Glas
Vorbereitung 5 Minuten
Marinierzeit 7 Tage

300 g Schafskäse, in kleine Würfel geschnitten
3 Zweige Zitronenthymian
5 Wacholderbeeren
1 EL bunter Pfeffer
125 ml natives Olivenöl extra
Bruschetta zum Servieren

Die Schafskäsewürfel in ein sterilisiertes Glas füllen. Den Thymian, die Wacholderbeeren und den bunten Pfeffer hinzugeben und mit dem Olivenöl auffüllen, bis sämtliche Zutaten bedeckt sind. Das Glas fest verschließen und den Schafskäse 7 Tage durchziehen lassen.

Bewahren Sie das Glas nach dem Öffnen im Kühlschrank auf. Denken Sie aber daran, es rechtzeitig vor dem Servieren wieder herauszunehmen, damit sich das erstarrte Öl verflüssigen und der Käse auf Raumtemperatur erwärmen kann. Eingelegter Schafskäse schmeckt hervorragend zu Pasta, Salaten, auf Pizza, als Appetithappen oder schlicht mit Bruschetta.

Eingelegte Oliven

Ein Rezept für alle Olivenfans, die Zugang zu frischen Oliven und viel Geduld haben. Schneller geht es, wenn Sie bereits in Lake eingelegte Oliven marinieren.

Für 500 g Oliven
Vorbereitung 15 Minuten
Weichen 4 Wochen
Trocknen 1 Nacht
Einlegen in Lake 1 Woche
Marinierzeit 1 Woche

500 g frische Oliven
300 g grobes Salz
2 Lorbeerblätter
Abgeriebene Schale von 1 unbehandelten Zitrone
1 TL bunter Pfeffer

Marinade mit Zitrone, Knoblauch und Rosmarin
2 Knoblauchzehen, fein gehackt
Abgeriebene Schale und Saft von 1 unbehandelten Zitrone
2 EL Rosmarinnadeln

Marinade mit Chili, Limette und Sardellen
1 TL Chiliflocken
Dünn abgeschälte Schale von 2 unbehandelten Limetten
4 Sardellen, gehackt

Die Oliven mit einem kleinen Messer auf einer Seite einschneiden, damit sie beim Weichen ihre Bitterkeit verlieren. In einer großen Schüssel mit kaltem Wasser bedecken und 4 Wochen weichen lassen. Das Wasser täglich wechseln. Grüne Oliven nach 2 Wochen probieren, schwarze nach 4 Wochen. Sind sie immer noch zu bitter, die Einweichzeit um weitere 2 Wochen verlängern. Sobald sie angenehm schmecken, die Oliven auf Küchenkrepp ausbreiten und über Nacht trocknen lassen.

Die Oliven mit dem Salz in eine Kasserolle geben, 2,5 Liter kochendes Wasser sowie die übrigen Zutaten zugeben und zum Kochen bringen. Die Hitze etwas reduzieren und 5 Minuten köcheln lassen. Die Oliven mit ihrer Lake in ein sterilisiertes Gefäß füllen und zugedeckt 7 Tage durchziehen lassen.

Zum Marinieren die Oliven aus der Lake nehmen und abtropfen lassen. Mit kaltem Wasser bedecken, 1 Stunde wässern und anschließend gründlich abtropfen lassen. Die Oliven mit den Zutaten der gewünschten Marinade gut vermengen und erneut in sterilisierte Gläser füllen. Mit Olivenöl bedecken und fest verschlossen 7 Tage marinieren lassen. Die eingelegten Oliven halten sich im Kühlschrank bis zu 6 Monate.

Rechte Seite: Eingelegter Schafskäse; folgende Seite: Eingelegte Oliven

Salz

Haselnuss-Gewürz-Dip (dukkah)

Diese Gewürzmischung aus Australien sollte nur aus den frischesten Gewürzen zubereitet und mit dem besten Brot und dem feinsten nativen Olivenöl extra, das Sie finden können, serviert werden. Mit *dukkah* bestreut, lassen sich auch Gemüse oder Fleisch verfeinern.

Für 4 Personen
Vorbereitung 5 Minuten
Garzeit 3 Minuten

4 EL Sesamsamen
2 EL Koriandersamen
1 ½ EL Kreuzkümmelsamen (Cumin)
25 g Haselnusskerne, geröstet und zerstoßen
1 EL Salzblüte
½ TL frisch gemahlener schwarzer Pfeffer
Frisches knuspriges Baguette, in Scheiben geschnitten, zum Servieren
60 ml (4 EL) feinstes natives Olivenöl extra zum Servieren

In einer Pfanne die Sesam-, Koriander- und Kreuzkümmelsamen trocken rösten, bis sie aromatisch duften. Die Mischung mit den Haselnüssen, der Salzblüte und dem Pfeffer in den Mixer oder einen Mörser geben und grob zermahlen. Mit den Baguettescheiben und dem Olivenöl servieren.

Dukkah hält sich in einem fest verschlossenen Gefäß im Kühlschrank bis zu 1 Monat.

Süß-salzig eingelegte Gurken

Eine Delikatesse zu Roastbeef- oder Hähnchensandwich, kaltem Braten oder Käse.

Vorbereitung 15 Minuten
Garzeit 10 Minuten
Abkühlen 30 Minuten
Marinierzeit 1 Woche

1 kg feste Gurken
500 ml Weißweinessig
250 g Kristallzucker
3 EL grobes Salz
1 EL Einmachgewürz (für Gurken)
1 EL frisch gehackter Dill

Die Gurken in dünne Scheiben schneiden und in ein nicht metallenes Gefäß geben. In einer Kasserolle die restlichen Zutaten auf kleiner Flamme verrühren, bis sich der Zucker aufgelöst hat. Etwas abkühlen lassen und die Mischung über die Gurken gießen. Vollständig erkalten lassen, in sterilisierte Einmachgläser füllen und 1 Woche durchziehen lassen.

Marmorierte Tee-Eier mit Sesamsalz

Ich kann mir kein festliches asiatisches Essen ohne diese wunderhübschen Tee-Eier vorstellen.

Für 4 Personen
Vorbereitung 10 Minuten
Garzeit 1 Stunde 10 Minuten

4 Eier
3 EL schwarzer Tee
1 Zimtstange
2 Sternanis
½ TL grobes Salz
60 ml (4 EL) dunkle Sojasauce
½ TL Fünf-Gewürze-Pulver
2 EL geröstete Sesamsamen
2 EL rosa Kristallsalz

Die Eier in einem Topf mit kaltem Wasser bedecken, zum Kochen bringen und 5 Minuten köcheln lassen. Die Eier in Eiswasser kalt abschrecken und vorsichtig auf die Arbeitsfläche klopfen, sodass die Schale rundherum Risse bekommt. Zurück in den Topf legen und den Tee, die Zimtstange, den Sternanis, das grobe Salz, die Sojasauce sowie 500 ml Wasser zugeben. Zum Kochen bringen und zugedeckt 1 Stunde köcheln lassen. Die restlichen Zutaten vermengen. Die Eier schälen und auf einem Bett aus der Gewürzmischung anrichten.

Linke Seite: Haselnuss-Gewürz-Dip *(dukkah)*
Folgende Seiten: Süß-salzig eingelegte Gurken (links) und marmorierte Tee-Eier mit Sesamsalz (rechts)

Salz

Gebackener Tintenfisch mit Salz und Pfeffer

Schon wegen dieses Rezeptes würde ich niemals Frittiertem abschwören. Wie bei allen fettgebackenen Speisen ist die richtige Temperatur des Öls der Schlüssel zum Erfolg. Um festzustellen, ob es heiß genug ist, halten Sie einfach ein Bambusstäbchen senkrecht hinein. Bilden sich daran kleine Bläschen, hat das Öl die richtige Temperatur erreicht.

Für 4 Personen
Vorbereitung 20 Minuten
Garzeit 10 Minuten

1 kg kleine Kalmare, küchenfertig gesäubert
3 EL Guérande-Salz
3 EL weiße Pfefferkörner
2 TL extrafeiner Zucker
100 g Maismehl
4 Eiweiße, leicht verschlagen
Erdnussöl zum Frittieren
1 Limette zum Servieren

Die Kalmartuben in Ringe schneiden, die Fangarme in zwei Teile teilen. Das Salz, den Pfeffer und den Zucker in der Gewürzmühle oder im Mörser zu einem ganz feinen Pulver zermahlen. Die Mischung in einer Schüssel mit dem Maismehl gründlich vermengen.

Die Kalmare durch das verschlagene Eiweiß ziehen und anschließend gleichmäßig in dem gewürzten Mehl wenden. In einem Wok das Öl auf mittlerer Flamme erhitzen und die Tintenfische in etwa 2 Minuten goldgelb und knusprig ausbacken. Dabei in mehreren Durchgängen arbeiten. Auf Küchenpapier abtropfen lassen und mit Limettenspalten servieren.

Salz

Brezeln mit rosa Salz

Kleine Brezeln schmecken gut zum Bier oder einfach ohne alles als kleiner Imbiss. Für etwas größere Brezeln, die einem Frühstück würdig sind, teilen Sie die Teigmenge einfach in 4 statt in 8 Portionen. Das an Mineralien reiche rosa Salz verleiht den Brezeln ein einzigartiges Aroma.

Ergibt 8 Brezeln
Vorbereitung 30 Minuten
Aufgeh- bzw. Ruhezeit 1 Stunde 10 Minuten
Backzeit 15 Minuten

1 TL Trockenhefe
1/2 TL Kristallzucker
150 ml warme Milch
180 g Hartweizenmehl
1/2 TL grobes Salz
30 g zerlassene Butter
1 Eigelb, leicht verschlagen
1 EL rosa Kristallsalz (ersatzweise Guérande-Salz oder grobes Himalaja-Salz) zum Bestreuen
1 EL grobes Salz zum Bestreuen

Den Ofen auf 190 °C vorheizen. In einer kleinen Schüssel die Trockenhefe, den Zucker und die warme Milch verrühren und 10 Minuten ruhen lassen, bis die Mischung zu schäumen beginnt. Das Mehl und das Salz in einer zweiten Schüssel vermengen und in der Mitte eine Mulde bilden. Die Milch-Hefe-Mischung und die Butter in die Mulde gießen und sämtliche Zutaten zu einem homogenen Teig verrühren. Den Teig auf die leicht bemehlte Arbeitsfläche legen und 10 Minuten durchkneten, bis er glatt und geschmeidig ist. In eine leicht eingeölte Schüssel legen, mit Frischhaltefolie bedecken und an einem warmen, vor Zug geschützten Ort 1 Stunde gehen lassen, bis er sein Volumen verdoppelt hat.

Den Teig wieder auf die leicht bemehlte Arbeitsfläche legen und nochmals 3 Minuten durchkneten. In 8 gleich große Teile teilen und zu jeweils etwa 2 cm dicken Strängen rollen. Die Stränge (wie auf dem Bild rechts zu sehen) zu einem Knoten formen und auf ein mit Backpapier ausgekleidetes Blech legen. Mit dem Eigelb bestreichen. Das rosa Kristallsalz und das grobe Salz vermengen und über die Brezeln streuen. Mit einigen Tropfen Wasser befeuchten und im Ofen 10–15 Minuten backen, bis die Brezeln goldgelb und knusprig sind. Vor dem Servieren auf einem Gitter abkühlen lassen.

Salz

Klippfisch-Kroketten (*accras*) mit Safran

Klippfisch wird zunächst eingesalzen und anschließend an der Luft getrocknet, wobei er sein wunderbar würziges Aroma entwickelt.

Ergibt etwa 18 Kroketten
Vorbereitung 30 Minuten
Wässern 24 Stunden
Kühlen 30 Minuten
Garzeit 25 Minuten

500 g Klippfisch
1 Zwiebel, in feine Streifen geschnitten
2 Knoblauchzehen, in feine Streifen geschnitten
1 Lorbeerblatt
Einige Safranfäden
400 ml Milch
125 ml Weißwein
200 g hellfleischige Kartoffeln
(z. B. „King Edward"), geschält und gewürfelt
1 TL fein abgeriebene Schale von
1 unbehandelten Zitrone
2 TL gehackte glatte Petersilie
1 Eigelb
Zerstoßener schwarzer Pfeffer
Mehl zum Bestäuben
Olivenöl zum Frittieren
Zitronenspalten zum Garnieren

Den Klippfisch in einer Schale mit kaltem Wasser bedecken und 24 Stunden weichen lassen. Das Wasser alle 6 Stunden wechseln.

Zwiebel, Knoblauch, Lorbeer, Safran, Milch und Wein in einen Topf geben und bis knapp unter den Siedepunkt erhitzen, jedoch nicht aufkochen. Den Klippfisch einlegen und zugedeckt 15 Minuten pochieren. Sobald das Fleisch zart ist und sich mühelos von der Haut lösen lässt, vom Herd nehmen und etwas abkühlen lassen.

Den Klippfisch aus der Garflüssigkeit heben und mit einer Gabel zerpflücken; Haut und Gräten entfernen. Die Kartoffeln in kochendem Wasser garen, abtropfen lassen und pürieren. Fischfleisch, Zitronenschale, Petersilie, Eigelb und Pfeffer zugeben und alles gründlich vermengen.

Die Masse esslöffelweise abstechen und zu Bällchen formen. 30 Minuten im Kühlschrank durchkühlen lassen.

Die Klippfisch-Kroketten mit Mehl bestäuben und etwas flach drücken. Das Olivenöl in einer Pfanne erhitzen und die Kroketten portionsweise auf mittlerer Stufe von jeder Seite etwa 2 Minuten backen, bis sie goldgelb und durchgegart sind. Mit den Zitronenspalten garnieren.

Wodka-Grenadine mit Salzstäbchen

Granatapfelsirup hat sich als Bestandteil vieler Cocktails schon lange bewährt. Doch auch mit dem frischen Saft der Granatäpfel lassen sich köstliche Getränke bereiten. Da diese Früchte nicht ganz einfach zu essen sind, schneide ich sie lieber in zwei Hälften und presse den Saft aus. Granatäpfel können sehr unterschiedlich sauer sein, daher sollte man den Cocktail vor dem Servieren unbedingt abschmecken.

Für 4 Cocktails
Vorbereitung 10 Minuten
Trocknen 1 Stunde

4 Bambusstäbchen
1 Eiweiß, leicht verschlagen
2 EL rosa Kristallsalz (ersatzweise Guérande-Salz)
125 ml Wodka
2 EL Limettensaft
1 TL frisch geriebener Ingwer
2 EL Honig
4 Granatäpfel, halbiert
250 ml Cranberry-Saft

Für die Salzrührer die Bambusstäbchen bis zu einer Höhe von 10 cm durch das Eiweiß ziehen. Das Salz auf einem Teller ausbreiten und den mit Eiweiß benetzten Teil der Stäbchen rundherum darin wenden. Zum Trocknen beiseite legen.

Wenn die Stäbchen trocken sind, einige Eiswürfel in die Gläser geben und zu gleichen Teilen mit dem Wodka auffüllen. Den Zitronensaft, Ingwer und Honig zugeben und verrühren.

Die Granatäpfel auspressen, den Saft durch ein Sieb passieren und die Samen wegwerfen. Die Cocktails mit dem Granatapfel- und dem Cranberry-Saft auffüllen und mit den Salzstäbchen servieren.

Anmerkung: In Ermangelung frischer Granatäpfel können Sie auch zu fertigem Granatapfelsaft aus der Flasche oder dem Tetrapak greifen.

Rechte Seite: Klippfisch-Kroketten *(accras)* mit Safran
Folgende Seiten: Wodka-Grenadine mit Salzstäbchen

Salz

Olivenbrot mit Rosmarin

Dieses leckere Brot schmeckt sehr gut zu Käse und Wein. Mit Sardellen gefüllte grüne Oliven finden Sie im Feinkostgeschäft oder auch in gut sortierten Supermärkten. Lassen Sie vor dem Hacken das überschüssige Öl der Oliven auf Küchenpapier abtropfen.

Für 6 Personen
Vorbereitung 20 Minuten
Aufgehzeit 2 Stunden 45 Minuten
Backzeit 35 Minuten

600 g Backmischung für Mischbrot
60 g feiner Grieß
1 TL Guérande-Salz
3 EL Olivenöl
50 g Kalamata-Oliven, entsteint und grob gehackt
50 g mit Sardellen gefüllte grüne Oliven, grob gehackt
½ EL frisch gehackter Rosmarin

Die Brotbackmischung, den Grieß und das Salz in einer Schüssel vermengen. In der Mitte eine Mulde bilden. Das Öl und portionsweise so viel Wasser (etwa 375–400 ml) hineingeben und einarbeiten, dass ein formbarer Teig entsteht. Den Teig auf der leicht bemehlten Arbeitsfläche 10 Minuten durchkneten, bis er glatt und geschmeidig ist. In eine mit etwas Öl benetzte Schüssel legen und mit Frischhaltefolie bedeckt 2 Stunden an einem warmen und vor Zug geschützten Ort gehen lassen, bis der Teig sein Volumen verdoppelt hat.

Den Ofen auf 230 °C vorheizen. Den Teig wieder auf die Arbeitsfläche legen und die Oliven und den Rosmarin einarbeiten. Zu einem ovalen Laib formen und auf ein mit Backpapier ausgekleidetes Blech legen. Mit leicht eingeölter Frischhaltefolie bedecken und an einem warmen, vor Zug geschützten Ort weitere 45 Minuten gehen lassen.

Die Frischhaltefolie entfernen und den Teig an der Oberfläche mehrmals einschneiden. Das Brot 15 Minuten backen, die Temperatur auf 200 °C reduzieren und weitere 20 Minuten backen. Das Brot sollte hohl klingen, wenn man auf die Kruste klopft. Vor dem Servieren auf einem Gitter abkühlen lassen.

Tapenade

Tapenade isst man als Aufstrich auf Brot oder Croûtons. Sie eignet sich auch als Dip für Cracker oder Knabberstangen.

Gesalzene Sardellen aus dem Supermarkt sind meist in Öl eingelegt und bereits filetiert.

Ergibt 270 g
Zubereitung 10 Minuten

125 g Kalamata-Oliven, entsteint
25 Sardellenfilets, das Öl abgetropft
½ EL Kapern
2 Knoblauchzehen
1 EL Basilikumblätter
2 TL Zitronensaft
60 ml (4 EL) natives Olivenöl extra

Die Oliven, Sardellenfilets, Kapern, Knoblauchzehen und Basilikumblätter im Mixer zu einer glatten Paste zermahlen. In eine Schüssel geben und nach und nach das Olivenöl einarbeiten. Fertig!

In einem fest verschlossenen Gefäß im Kühlschrank hält sich die Tapenade bis zu 1 Monat.

Miso-Suppe

Hellen Miso (Sojabohnenpaste) findet man im Asialaden ebenso wie gekörnte Dashi-Brühe (aus Seetang und Bonitoflocken). Ob zum Frühstück, zum Mittag oder als Abendessen, Miso-Suppe schmeckt rund um die Uhr. Auch als sättigender Imbiss ist sie beliebt.

Für 4 Personen
Vorbereitung 15 Minuten
Garzeit 10 Minuten

2 EL heller Miso
1 TL gekörnte Dashi-Brühe
80 g getrocknete Shiitake-Pilze
1 Möhre, in feine Streifen geschnitten
2 Frühlingszwiebeln, in Scheiben geschnitten, als Einlage
200 g Tofu, gewürfelt, als Einlage

Den Miso und die Dashi-Brühe mit 1 Liter Wasser in einen Topf geben. Unter Rühren auf mittlerer Stufe erhitzen, bis sich der Miso vollständig aufgelöst hat, jedoch nicht zum Kochen bringen. Die Pilze und die Möhrenstreifen zugeben und in der heißen Brühe gar ziehen, bis sie weich sind.

Die Miso-Suppe mit den Frühlingszwiebeln und dem Tofu als Einlage servieren.

Rechte Seite: Olivenbrot mit Rosmarin
Folgende Seiten: Tapenade (links) und Miso-Suppe (rechts)

Salz

Schinken-Käse-Sandwich mit Pecorino pepato und Spiegelei

Dieses Rezept eignet sich wunderbar für einen Brunch oder einen kleinen Snack für zwischendurch. Sie können den Kochschinken auch durch rohen Schinken oder Speck ersetzen. Greifen Sie aber in jedem Fall zu bester Qualität, denn es ist der Schinken, der bei diesem Sandwich für die aromatische Würze sorgt.

Für 4 Personen
Vorbereitung 10 Minuten
Garzeit 25 Minuten

1 EL Olivenöl
4 Eier, verquirlt
8 Scheiben Sandwichtoast
4 Scheiben Kochschinken (250 g)
200 g Pecorino pepato (Pecorino mit Pfeffer), gerieben
100 g Gruyère (Greyerzer), gerieben
Zerstoßener schwarzer Pfeffer
80 g raumtemperierte Butter

Das Öl in einer Pfanne erhitzen und die Eier darin nach Geschmack braten.

Die 4 Toastscheiben auf die saubere Arbeitsfläche legen. Mit dem Schinken belegen. Mit dem Pecorino und dem Gruyère bestreuen und zuoberst mit einem Ei abschließen. Eine zweite Toastscheibe auflegen und mit der Hälfte der Butter bestreichen. Die Sandwichs nacheinander mit der gebutterten Seite nach unten in die Pfanne legen und auf mittlerer Stufe 5 Minuten goldbraun und knusprig braten.

Die obere Seite ebenfalls mit Butter bestreichen, das Sandwich wenden, mit einem Teller beschweren und auch von der anderen Seite goldbraun braten. Die fertigen Sandwichs bis zum Servieren warm stellen.

Salz

Gegrillte Garnelen mit thailändischem Dip

In Thailand ist Fischsauce unter dem Namen *nam pla* bekannt. Sie wird aus getrocknetem, gesalzenem und fermentiertem Fisch oder auch Garnelen hergestellt, was sie zunächst nicht besonders appetitlich erscheinen lässt. Dabei ist sie der Dreh- und Angelpunkt der thailändischen Küche. Als Würzmittel verleiht sie vielen Speisen ein delikates und pikantes Aroma. Wirklich köstlich!

Für 4 Personen
Vorbereitung 20 Minuten
Garzeit 10 Minuten

500 g mittelgroße rohe Garnelen, geschält (Schwanzfächer stehen lassen), Därme entfernt

Für die Sauce
1 TL Sesamöl
2 EL *nam pla* (thailändische Fischsauce)
2 EL Limettensaft
1 große rote Chili, Samen entfernt und fein gehackt
3 EL geriebener Palmzucker oder brauner Zucker

Die Garnelen auf einem leicht mit Öl bestrichenen Rost unter dem Backofengrill oder auf dem Holzkohlegrill grillen, bis sie eine rosa Färbung angenommen haben und durchgegart sind.

Für die Sauce zum Dippen das Sesamöl, *nam pla,* den Limettensaft, die Chili und den Palmzucker verrühren, bis sich der Zucker aufgelöst hat. Die Garnelen passen hervorragend zu knackigem grünem Chinagemüse und gedämpftem Jasminreis.

Salz

Klippfisch-Dip

Dieses in Frankreich auch als *brandade* bekannte Klippfischpüree ist ein leckerer Belag für Brot oder Cracker und auch als Garnitur für Sandwichs einsetzbar. Ich gebe gerne noch etwas leichte Mayonnaise oder Crème fraîche hinzu.

Für 4 Personen
Vorbereitung 10 Minuten
Wässern 24 Stunden
Garzeit 25 Minuten

450 g Klippfisch
60 ml (4 EL) natives Olivenöl extra
125 ml Crème légère (15-prozentiger Sauerrahm)
3 Knoblauchzehen, gehackt
Zerstoßener schwarzer Pfeffer

Den Klippfisch in eine flache Schale legen, mit kaltem Wasser bedecken und 24 Stunden wässern. Das Wasser etwa alle 6 Stunden wechseln. Abtropfen lassen.

Den Klippfisch in einer Pfanne mit Wasser bedecken. Zum Kochen bringen, die Hitze etwas reduzieren und 10–15 Minuten sanft garen. Den Fisch etwas abkühlen lassen, Gräten und Haut entfernen und das Fleisch mit einer Gabel zerpflücken.

In einer Kasserolle die Hälfte des Olivenöls erhitzen. Den Klippfisch hineingeben und unter ständigem Rühren 5 Minuten garen. Nach und nach die Crème légère, den Knoblauch und das restliche Öl zugeben; dabei beständig weiterrühren, bis die Mischung die Konsistenz eines Pürees hat, der Klippfisch jedoch noch nicht ganz zerkocht ist. Mit Pfeffer abschmecken, und fertig!

Margarita

Bei Cocktailtrinkern steht die Margarita ohnehin hoch im Kurs, und sind sie auch noch Salzfans, ist der Genuss perfekt. Dekorieren Sie die Gläser erst kurz vor dem Servieren mit dem Salzrand, sonst ist das Salz zu feucht. Und nehmen Sie vorzugsweise rosa Salz, es verleiht der Margarita einen Hauch von Sommer.

Für 4 Personen
Zubereitung 5 Minuten
Kühlzeit 1 Stunde

250 g extrafeiner Zucker
3 Bechergläser Eiswürfel
125 ml Tequila
125 ml Cointreau
250 ml Limettensaft
1 Limette, geviertelt
50 g rosa Kristallsalz (ersatzweise Meersalz oder anderes grobes Salz)

Zunächst den Sirup zubereiten: In einem Topf den Zucker in 125 ml Wasser auf kleiner Flamme unter ständigem Rühren auflösen. Sobald er vollständig aufgelöst ist, die Mischung aufkochen und 5 Minuten sprudelnd kochen lassen, bis der Sirup einzudicken beginnt. Vor der Weiterverarbeitung 1 Stunde abkühlen lassen.

Die Eiswürfel, den Tequila, den Cointreau, Zuckersirup und den Zitronensaft im Mixer pürieren. Die Ränder von 4 Margarita-Gläsern mit den Limettenvierteln einreiben. Das Salz auf einer Untertasse ausbreiten und die Glasränder behutsam hineindrücken. Die Margarita einschenken und sofort servieren.

Rechte Seite: Klippfisch-Dip
Folgende Seiten: Margarita

Salz

Maisbrot mit Oliven, Tomaten und Speck

Dieses Brot ist die perfekte Ergänzung zu einer guten Suppe. Verwenden Sie dafür aber um Himmels willen keine abgepackten, bereits entsteinten Oliven aus dem Supermarkt. Am besten schmeckt das Brot noch heiß und großzügig mit Butter bestrichen. Natürlich mundet es auch kalt, vorausgesetzt, es bleibt etwas übrig.

Für 6–8 Personen
Vorbereitung 15 Minuten
Backzeit 45 Minuten

250 g Mehl
1 EL Zucker
2 TL Backpulver
1 TL Salzblüte
100 g Maismehl
60 g geriebener Cheddar
1 TL frisch gehackter Thymian
100 g halbgetrocknete Tomaten, fein gehackt
75 g Kalamata-Oliven, entsteint
und grob gehackt
100 g magerer Speck, gehackt
2 Eier, leicht verschlagen
250 ml Buttermilch
80 ml (5–6 EL) Olivenöl
1 Tomate, in Scheiben geschnitten
3 Zweige frischer Thymian

Den Ofen auf 180 °C vorheizen. Eine 20 x 10 cm große Kastenform mit Backpapier auskleiden und buttern. Das Mehl in eine Schüssel sieben und mit dem Zucker, dem Backpulver und dem Salz vermengen. Das Maismehl, den geriebenen Cheddar, den gehackten Thymian, die Tomaten, die Oliven und den Speck zugeben und alles gründlich vermengen. In der Mitte der Mischung eine Mulde bilden. Die Eier mit der Buttermilch und dem Öl verschlagen und in die Mulde gießen. Alle Zutaten gründlich verrühren und den Teig in die vorbereitete Form füllen.

Die Teigoberfläche mit den Tomatenscheiben und den Thymianzweigen dekorieren und das Brot 45 Minuten backen, bis beim Einstechen mit einer Gabel kein Teig mehr an den Zinken kleben bleibt.

In Frischhaltefolie gewickelt hält sich das Brot in einem fest verschlossenen Gefäß bis zu 3 Tage. Auch getoastet schmeckt es hervorragend.

Salz

Spaghetti mit Chorizo, Sardellen, Chili und Knoblauch

Dieses ganz einfache Gericht serviere ich gern zum Mittagessen. Sind Ihnen die Sardellen zu salzig, wässern Sie sie vor dem Gebrauch einfach 20 Minuten in kaltem Wasser oder kalter Milch. Bei in Öl eingelegten Sardellen lässt sich auch das Öl zum Würzen der Spaghetti verwenden.

Für 4 Personen
Vorbereitung 10 Minuten
Garzeit 20–25 Minuten

400 g Spaghetti
2 EL Olivenöl
1 Chorizo (spanische Paprikawurst),
in dünne Scheiben geschnitten
3 Knoblauchzehen, zerstoßen
4 Frühlingszwiebeln, in feine
Scheiben geschnitten
1 TL Chiliflocken
6 Sardellen, grob gehackt
2 EL gehackte Petersilie
2 EL Zitronensaft
50 g Butter
Zerstoßener schwarzer Pfeffer

Die Spaghetti in einem großen Topf mit kochendem Wasser al dente kochen. Abgießen, etwas von der Garflüssigkeit zurückbehalten und abtropfen lassen.

Das Öl in einer Pfanne erhitzen und die Chorizoscheiben auf mittlerer Stufe 3 Minuten braten, bis sie knusprig sind. Den Knoblauch und die Frühlingszwiebeln zugeben und 3 Minuten bei mäßiger Hitze anschwitzen. Die Chiliflocken und die Sardellen zugeben und weitere 3 Minuten garen. Zuletzt die Petersilie, den Zitronensaft und die Butter untermengen. Sobald die Butter geschmolzen ist, die Spaghetti zugeben und kurz durchschwenken. Bei Bedarf ein wenig von der Garflüssigkeit zugeben. Kurz vor dem Servieren mit dem zerstoßenen schwarzen Pfeffer würzen.

Salz

Schweinefilet auf vietnamesische Art

Die gesalzene Fischsauce der Vietnamesen, die im Asialaden erhältlich ist, nennt man *nuoc mam*. In der Kombination mit Palmzucker eignet sie sich besonders für dieses Rezept, bei dem Sie das Schweinefilet auch durch Fisch oder Huhn ersetzen können. Sie brauchen nur die Garzeit entsprechend anzupassen.

Für 4 Personen
Vorbereitung 15 Minuten
Garzeit 35 – 40 Minuten

4 EL geriebener Palmzucker oder
brauner Zucker
4 EL *nuoc mam* (vietnamesische Fischsauce)
2 EL gehackte Schalotten
1 TL zerstoßener schwarzer Pfeffer
500 g Schweinefilet, in Scheiben geschnitten
4 hart gekochte Eier, halbiert
4 Frühlingszwiebeln, in Scheiben geschnitten,
zum Garnieren
Gedämpfter Reis als Beilage

Den Zucker und die Fischsauce in einen hitzebeständigen Steinguttopf oder einen Schmortopf geben und auf kleiner Flamme unter ständigem Rühren erhitzen, bis sich der Zucker aufgelöst hat. Die Schalotten und den Pfeffer zugeben und 5 Minuten anschwitzen. Das Schweinefilet einlegen und zugedeckt 20 Minuten schmoren lassen. Gelegentlich umrühren. Die Eierhälften zugeben und unbedeckt weitere 5 Minuten garen, bis die Eier durch und durch heiß sind.

Das Schweinefleisch mit den Frühlingszwiebeln garnieren und mit gedämpftem Reis servieren.

Salz

Chicken-Nuggets in Paprika-Salz-Kruste

Ein fabelhafter Snack, wenn man ein Gläschen riskieren möchte. Der Zucker und das Salz bändigen ein wenig den Paprika; alle drei ergänzen sich zu einem wunderbar ausgewogenen Aroma. Anstelle von Huhn kann man bei entsprechender Anpassung der Garzeit auch Garnelen oder Tintenfisch nehmen.

Für 6–8 Personen als Snack
Vorbereitung 10 Minuten
Garzeit 10 Minuten

500 g Hähnchenbrustfilets
3 EL rosa Kristallsalz (ersatzweise grobes Himalaja-Salz oder Guérande-Salz)
2 TL scharfes Paprikapulver
2 TL feiner Zucker
80 g Maismehl
2 Eiweiße, leicht verschlagen
Erdnussöl zum Frittieren
Einige Blätter Koriandergrün zum Garnieren

Die Hähnchenbrustfilets in mundgerechte Stücke schneiden. Das Salz in einem Mörser grob zerstoßen und in einer Schüssel mit dem Paprikapulver, dem Zucker und dem Maismehl gründlich vermengen. Die Hähnchenstücke nacheinander durch das Eiweiß ziehen und anschließend von allen Seiten in der Gewürzmischung wenden. Überschüssige Würze abklopfen.

Das Öl erhitzen, bis es raucht. Die Hähnchenstücke portionsweise in dem heißen Öl 3–5 Minuten frittieren, bis sie goldbraun und knusprig sind. Auf Küchenpapier abtropfen lassen. Die Chicken-Nuggets mit dem Koriandergrün garnieren und heiß mit einem Dip Ihrer Wahl servieren. Mein Favorit ist eine milde Paprikasauce.

Chinesisches Rindfleisch mit gesalzenen schwarzen Bohnen

Gesalzene schwarze Bohnen sind fermentierte, gesalzene Sojabohnen, die im Asialaden in Dosen oder Gläsern erhältlich sind. In vielen Rezepten wird empfohlen, sie vor Gebrauch abzuspülen. Ich halte das nicht unbedingt für erforderlich, außer sie sind wirklich extrem salzig. Den chinesischen Reiswein können Sie auch durch trockenen Sherry ersetzen.

Für 4 Personen
Vorbereitung 15 Minuten
Garzeit 15 Minuten

2 EL Erdnussöl
500 g Rumpsteak, in dünne Streifen geschnitten
8 Frühlingszwiebeln, in dünne Ringe geschnitten
1 EL frisch geriebener Ingwer
1 rote Paprika, in dünne Streifen geschnitten
2 Knoblauchzehen, gehackt
2 EL gesalzene schwarze Bohnen (nach Geschmack abgespült und abgetropft)
3 EL Shaoxing-Reiswein
2 TL extrafeiner Zucker
2 EL Austernsauce
80 ml Hühnerbrühe
½ TL Sesamöl
1 EL Maismehl

Das Öl in einem Wok erhitzen und das Rindfleisch bei lebhafter Hitze 5 Minuten pfannenrühren, bis es rundherum Farbe angenommen hat. Die Frühlingszwiebeln, den Ingwer, die Paprikastreifen, den Knoblauch und die schwarzen Bohnen zugeben und weitere 2 Minuten rühren. Sobald die Paprika weich wird, den Reiswein, den Zucker, die Austernsauce, die Brühe und das Sesamöl hinzufügen und weitergaren, bis sämtliche Zutaten den gewünschten Gargrad haben.

Das Maismehl in 1 Esslöffel Wasser anrühren und die Mischung unter die Sauce ziehen. Unter ständigem Rühren aufkochen, bis das Mehl gebunden hat. Sofort servieren. Dazu passt am besten gedämpfter Reis.

Rechte Seite: Chicken-Nuggets in Paprika-Salz-Kruste
Folgende Seite: Chinesisches Rindfleisch mit gesalzenen schwarzen Bohnen

Salz

Roastbeef in der Salzteigkruste

Bei dieser Zubereitungsmethode bleibt das Fleisch schön zart und saftig. Ganz wichtig ist, dass der Braten nicht zu früh in den Teig eingeschlagen wird, da dieser sonst durchweicht. Achten Sie auch darauf, dass die Teigkruste kein Loch hat, damit das Roastbeef beim Garen keinen Saft verliert.

Für 4–6 Personen
Vorbereitung 40 Minuten
Abkühlen 20 Minuten
Ruhezeit 30 Minuten
Garzeit (für „blutig") 30 Minuten

2 EL natives Olivenöl extra
30 g Butter
1 kg flaches Roastbeef
½ TL zerstoßener schwarzer Pfeffer
1 EL frisch gehackter Rosmarin

Für die Salzteigkruste
500 g Tafelsalz
500 g Mehl
2 EL frisch gehackter Zitronenthymian

Das Öl in einer großen Pfanne erhitzen und das Fleisch ringsherum kurz anbraten, bis sich die Poren geschlossen haben. Die Hitze reduzieren, die Butter hinzufügen und das Fleisch auf mittlerer Stufe 5 Minuten rundherum Farbe annehmen lassen. Mit dem Pfeffer und dem Rosmarin würzen und abkühlen lassen, während Sie die Teigkruste zubereiten.

Das Salz, das Mehl und den Thymian in einer Schüssel vermengen. Nach und nach 375 ml kaltes Wasser einrühren und sämtliche Zutaten zu einem geschmeidigen Teig verarbeiten. Den Teig in Frischhaltefolie wickeln und 30 Minuten ruhen lassen.

Den Ofen auf 220 °C vorheizen. Den Teig auf der leicht bemehlten Arbeitsfläche 5 mm dünn ausrollen. Das erkaltete Fleisch in den Teig einschlagen, die Teigränder sorgfältig versiegeln. Das Roastbeef in eine ofenfeste Form legen und in den Ofen schieben. Die Garzeit für „blutig" beträgt 30 Minuten, für „rosa" bzw. „medium" 40 Minuten und für „durch" 55 Minuten. Das Fleisch vor dem Anschneiden 20 Minuten ruhen lassen. Dazu passt in Butter geschwenktes Gemüse.

Salz

Spanakopita (Griechische Spinatpastete)

Von diesem Klassiker aus der griechischen Küche kursieren zahlreiche Versionen. Ich mag die folgende ganz besonders gern, weil dabei die karamellisierten Zwiebeln der Tarte eine Extra-dosis Aroma verleihen. Ein Kilogramm Spinat mag Ihnen übertrieben erscheinen, doch ist er erst in sich zusammengefallen, nimmt sich die Menge schon viel bescheidener aus.

Für 4–6 Personen
Vorbereitung 15 Minuten
Garzeit 1 Stunde

1 kg Spinat
Salzblüte und zerstoßener schwarzer Pfeffer
125 ml Olivenöl
3 Zwiebeln, fein gehackt
250 g Schafskäse, zerdrückt
2 EL gehackte glatte Petersilie
2 EL gehackter Dill
10 Filoteigblätter

Den Ofen auf 180 °C vorheizen. Eine 30 × 20 cm große Auflaufform einfetten. Den Spinat dämpfen, bis er zusammenfällt. Mit dem Salz und Pfeffer würzen.

In einer großen Pfanne die Hälfte des Öls erhitzen. Die Zwiebeln hineingeben und auf mittlerer Stufe 10 Minuten goldbraun an-schwitzen. Vom Herd nehmen, den Spinat, den Schafskäse, die Petersilie und den Dill zugeben und alles vermengen.

Ein Filoteigblatt in die Form einlegen und mit etwas Öl bestreichen. Ein zweites Teigblatt auf-legen und ebenfalls mit Öl einpinseln. Auf diese Weise 5 Teigblätter übereinander schichten. Die vorbereitete Spinatmischung einfüllen und mit den restlichen 5 Filoteigblättern bedecken. Dabei wieder jedes Teigblatt mit etwas Öl bestreichen. Die überhängenden Teigränder mit einem scharfen Messer abtrennen und die Spanakopita an mehreren Stellen einschneiden. Im Ofen 45 Minuten backen, bis die Ober-fläche goldbraun und knusprig ist. Vor dem Anschneiden 5 Minuten ruhen lassen.

Salz

In Salzlake marinierte Poularde

Die doppelte Menge dieser aromatischen Lake für Fleisch, Fisch und Geflügel reicht sogar für die Weihnachtspute. Das darin eingelegte Fleisch bewahrt seine ganze Saftigkeit und Zartheit. Auch Schweineschulter oder -keule profitieren von dieser Behandlung und bewahren ihr volles Aroma.

Für 4–6 Personen
Vorbereitung 15 Minuten
Einlegen in der Lake 48 Stunden
Garzeit 1 Stunde 20 Minuten

300 g grobes Salz
100 g brauner Zucker
1 Lorbeerblatt
5 Knoblauchzehen
3 Pimentkörner
3 Wacholderbeeren
1 Poularde von 1,5 kg
Olivenöl

In einer großen, nicht metallenen Schüssel das Salz, den Zucker, Lorbeer, Knoblauch, Piment und Wacholder mit 5 Liter kaltem Wasser aufgießen und verrühren, bis sich der Zucker aufgelöst hat. Die Poularde einsetzen und mit einem Teller beschweren, sodass sie vollständig mit Wasser bedeckt ist. An einem kühlen Ort 48 Stunden durchziehen lassen.

Den Ofen auf 200 °C vorheizen. Die Poularde auf einen Gitterrost setzen, mit etwas Olivenöl einpinseln und im Ofen 15 Minuten Farbe annehmen lassen. Die Temperatur auf 180 °C reduzieren und 1 weitere Stunde braten, bis beim Einstechen an der dicksten Stelle der Brust klarer Saft austritt. Dazu passt pfannengerührtes Gemüse oder, wenn die Poularde kalt serviert wird, ein Salat und Mayonnaise.

Pissaladière (Provenzalische Pizza)

Die karamellisierten Zwiebeln sind der Clou bei diesem Rezept; ihre milde Süße setzt einen attraktiven Kontrapunkt zur Salzigkeit der Sardellen. Ich finde Pizzateig etwas schwer und bevorzuge daher Blätterteig. Es spart zudem Zeit!

Ergibt 1 Pizza (etwa 4 Portionen)
Vorbereitung 10 Minuten
Garzeit insgesamt 50 Minuten

3 EL Olivenöl
750 g Zwiebeln, in Scheiben geschnitten
2 Tomaten, in Stücke geschnitten
Grobes Salz und zerstoßener schwarzer Pfeffer
1 Paket Blätterteig, aufgetaut
12 Sardellenfilets
12 Kalamata-Oliven, entsteint

Den Ofen auf 200 °C vorheizen. In einer großen Pfanne das Öl erhitzen und die Zwiebeln darin auf mittlerer Stufe 15 Minuten goldbraun braten. Vorsicht, dass sie nicht verbrennen! Die Tomaten zugeben, salzen, pfeffern und 10 Minuten weitergaren, bis der Saft der Tomaten verkocht ist.

Den Blätterteig auf der leicht bemehlten Arbeitsfläche ausrollen und die Zwiebel-Tomaten-Mischung darauf verteilen; am Rand einen 2 cm breiten Streifen frei lassen. Die Sardellen kreuzweise auf die Zwiebelschicht legen und jeweils 1 Olive auf den Schnittpunkt setzen. Die Pissaladière auf ein mit Backpapier belegtes Blech legen und 20–25 Minuten backen. Der Boden sollte knusprig und der Teig aufgegangen und goldbraun sein.

Rechte Seite: In Salzlake marinierte Poularde
Folgende Seite: Pissaladière (Provenzalische Pizza)

Salz

Gemüsesalat mit Zitronenvinaigrette

Dieser Salat aus im Ofen gebackenem Gemüse schmeckt am besten heiß und ist eine attraktive Alternative zu den üblichen Gemüsebeilagen für Bratenfleisch. Zum Garnieren können Sie statt Ziegenkäse auch einen anderen Käse ausprobieren, beispielsweise einen Camembert.

Für 4–6 Personen
Vorbereitung 20 Minuten
Garzeit 40 Minuten

300 g Butternusskürbis, in Würfel geschnitten
500 g kleine Kartoffeln
250 g kleine Möhren
200 g kleine Zwiebeln
300 g kleine Pastinaken
1 EL Olivenöl
Guérande-Salz
Zerstoßener schwarzer Pfeffer
1 Knoblauchzehe, zerstoßen
1 TL Dijon-Senf
1 EL eingelegte Zitrone, abgespült und in feine Streifen geschnitten (Seite 14)
2 EL Zitronensaft
60 ml (4 EL) natives Olivenöl extra
100 g Ziegenkäse, zerkrümelt, zum Garnieren
Frische Rosmarinzweige zum Garnieren

Den Ofen auf 200 °C vorheizen. Das Kürbisfleisch, die Kartoffeln, die Möhren, die Zwiebeln und die Pastinaken in eine große Schüssel geben. Das Öl, das Salz und den Pfeffer zugeben und gründlich vermengen, sodass sämtliches Gemüse gleichmäßig mit Öl überzogen ist. In eine feuerfeste Form füllen und 40 Minuten im Ofen backen, bis das Gemüse zart ist. Aus dem Ofen nehmen.

Inzwischen den Knoblauch, den Senf, die Zitronenstreifen, den Zitronensaft und das Olivenöl mit einem Schneebesen verschlagen. Das gebackene Gemüse mit der Vinaigrette überziehen und vorsichtig durchheben.

Den Gemüsesalat mit dem zerkrümelten Ziegenkäse und den Rosmarinzweigen garnieren und sofort servieren.

Fisch in der Salzkruste mit Kapernsauce

Lassen Sie sich von diesem Rezept nicht abschrecken, auch nicht von den geforderten 2 Kilogramm Salz. Das ist kein Druckfehler. Bei dieser Zubereitung wird der Fisch in der Salzkruste im eigenen Dampf gegart; das Ergebnis ist erstaunlich. Die Kruste sollten Sie allerdings lieber liegen lassen, sie ist in der Tat viel zu salzig.

Für 4–6 Personen
Vorbereitung 10 Minuten
Garzeit 30–40 Minuten

1 Fisch von etwa 2 kg (Lachs oder Wolfsbarsch), geputzt und ausgenommen, aber nicht geschuppt; oder 4 kleine Fische
2 kg Tafelsalz
5 Eiweiße

Für die Sauce
12 Kapern, halbiert
125 ml Weißwein
3 Frühlingszwiebeln, in Scheiben geschnitten
100 g Butter, in Flöckchen
Abgeriebene Schale von 1 unbehandelten Zitrone

Den Ofen auf 200 °C vorheizen. Den Fisch gründlich waschen und mit Küchenpapier abtrocknen. Das Salz mit dem Eiweiß vermengen (es sollte an feuchten Sand erinnern) und die Hälfte der Mischung in einer großen ofenfesten Form verteilen. Den Fisch in das Salzbett legen (die kleinen Fische Kopf an Schwanz nebeneinander) und mit der anderen Hälfte der Mischung zudecken. Die Kruste überall gut andrücken, sodass kein Loch zurückbleibt.

Den Fisch im Ofen 30–40 Minuten garen. Er ist gar, wenn sich ein in der Mitte eingestochener Spieß nach dem Herausziehen heiß anfühlt. Zum Ende der Garzeit die Sauce zubereiten. Die Kapern mit dem Wein in einer Pfanne aufkochen und 5 Minuten köcheln lassen. Die Frühlingszwiebeln, die Butterstückchen und die Zitronenschale einrühren und 3 Minuten weitergaren, bis sich die Butter aufgelöst hat und die Frühlingszwiebeln weich sind.

Den Fisch aus dem Ofen nehmen und die Salzkruste mit einem Löffel aufbrechen. Den Fisch auf einer großen Platte anrichten und die Haut abziehen. Mit der Kapernsauce servieren.

Rechte Seite: Gemüsesalat mit Zitronenvinaigrette
Folgende Seiten: Fisch in der Salzkruste mit Kapernsauce

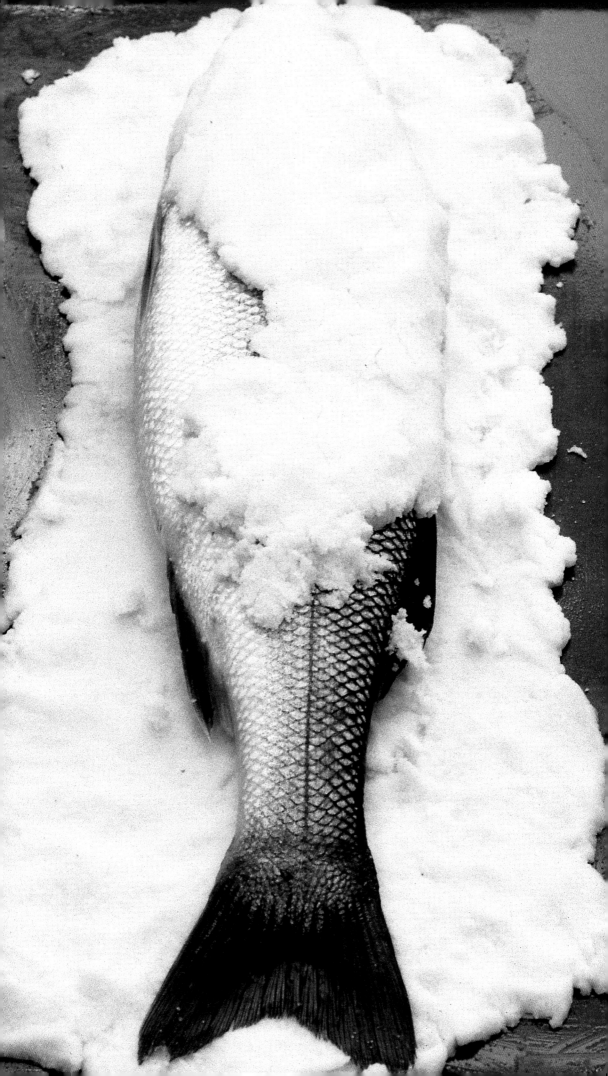

Salz

Kartoffel-Fenchel-Auflauf mit Sardellen

Dieses schwedische Rezept wird auch „Janssons Versuchung" genannt. Ich habe es hier mit Fenchel leicht abgewandelt, Sie können ihn aber auch weglassen, falls es gerade keinen gibt. Die milde Süße des Fenchels, das subtile Aroma der Kartoffeln und die salzige Würze der Sardellen sind für mich der Inbegriff einer herzhaften, stärkenden Mahlzeit.

Für 4–6 Personen
Vorbereitung 10 Minuten
Wässern 10 Minuten (nach Belieben)
Garzeit 1 Stunde 10 Minuten

15 Sardellenfilets
50 g Butter
1 Zwiebel, in feine Streifen geschnitten
1 Fenchelknolle, in feine Streifen geschnitten
5 Kartoffeln, in feine Streifen geschnitten
500 ml Crème fleurette (unpasteurisierte, nicht homogenisierte Sahne)

Den Ofen auf 200 °C vorheizen. Die Sardellenfilets 10 Minuten in kaltem Wasser oder Milch wässern, wenn sie zu salzig sind, dann klein hacken.

Die Butter in einer Pfanne zerlassen. Die Zwiebeln und den Fenchel auf mittlerer Stufe 10 Minuten anschwitzen, bis sie etwas Farbe angenommen haben und weich zu werden beginnen.

Die Hälfte der Kartoffelstreifen in eine 20 × 30 cm große Auflaufform füllen. Die Fenchel-Zwiebel-Mischung und die Sardellen darauf verteilen und mit den restlichen Kartoffeln bedecken. Mit der Crème fleurette übergießen und im Ofen 1 Stunde backen, bis die Kartoffeln gar und an der Oberfläche goldbraun sind.

Salz

Saltimbocca

Italienischer Prosciutto ist roher Schinken, der gesalzen und anschließend luftgetrocknet, jedoch nicht geräuchert wird. Kaufen Sie ihn vorzugsweise im Feinkostladen, wo man ihn für Sie gern in hauchdünne Scheiben schneidet, andernfalls wird die Saltimbocca zäh wie Gummi.

Für 4 Personen
Vorbereitung 15 Minuten
Garzeit 20 Minuten

4 dünne Kalbsschnitzel
8 hauchdünne Scheiben Prosciutto
8 Salbeiblätter
60 g Butter
Zerstoßener schwarzer Pfeffer
125 ml trockener Weißwein
Gedämpfte Brokkoliröschen als Beilage

Die Kalbsschnitzel mit einem Plattiereisen zwischen zwei Lagen Frischhaltefolie etwas flach klopfen.

Auf jedes Schnitzel 2 Scheiben Prosciutto und 2 Salbeiblätter legen und mit Holzspießchen fixieren.

Die Butter in einer großen Pfanne erhitzen und die Kalbsschnitzel in Portionen zu je 2 Stück von beiden Seiten braten. Das Fleisch, sobald es gar ist, aus der Pfanne nehmen und warm stellen. Den Bratensatz mit dem Wein ablöschen und bei starker Hitze 5 Minuten einkochen lassen. Die Saltimbocca damit beträufeln und mit gedämpften Brokkoliröschen als Beilage servieren.

Gefüllte Hähnchenbrust mit Schafskäse und Kapern-Honig-Sauce

Diese Zubereitung ergibt eine perfekte Verbindung von süß und salzig, bei der ein Hauch von Honig in der Sauce die pikante Würze des Schafskäses und der Kapern entschärft.

Für 4 Personen
Vorbereitung 25 Minuten
Garzeit 20 Minuten

4 Hähnchenbrustfilets
100 g Schafskäse, zerkrümelt
1 EL gehackter frischer Oregano
Zerstoßener schwarzer Pfeffer
2 TL Olivenöl
1 TL abgeriebene Schale von 1 unbehandelten Zitrone

Für die Sauce
1 EL Olivenöl
30 g Butter
2 Knoblauchzehen, zerstoßen
2 EL in Salz eingelegte Kapern, abgespült
250 ml *verjus* (saurer Traubensaft aus unreifen Weintrauben, in gut sortierten Feinkostläden erhältlich)
1 TL Honig
1 EL gehackte Petersilie

Den Ofen auf 180 °C vorheizen. Die Hähnchenbrustfilets seitlich so einschneiden, dass eine Tasche entsteht, jedoch nicht durchschneiden. Den Schafskäse mit dem Oregano, dem Pfeffer, dem Öl und der abgeriebenen Zitronenschale in einer Schüssel vermengen. Die Hähnchenbrüste mit der Mischung füllen und mit einem Holzspießchen verschließen.

Das Öl und die Butter in einer Pfanne erhitzen und die Hähnchenbrustfilets von jeder Seite 3 Minuten goldbraun anbraten. Auf ein Blech legen und im Ofen in 15–20 Minuten fertig braten. Inzwischen in derselben Pfanne den Knoblauch und die Kapern 2 Minuten anschwitzen, den Honig und den *verjus* zugeben und auf mittlerer Stufe 10 Minuten garen, bis die Sauce auf die Hälfte eingekocht ist. Die Pfanne von der Kochstelle ziehen und die Petersilie einrühren.

Die Hähnchenbrüste aus dem Ofen nehmen, in dicke Scheiben schneiden und mit der Sauce überziehen. Dazu passt ein grüner Salat.

Rechte Seite: Saltimbocca
Folgende Seiten: Gefüllte Hähnchenbrust mit Schafskäse und Kapern-Honig-Sauce

Salz

Granita mit eingelegten Zitronen

Diese Granita wirkt als Erfrischung zwischen zwei Gängen oder als Dessert nach einem Essen mit Fisch oder Meeresfrüchten wahre Wunder. Es mag vielleicht etwas mühsam erscheinen, immer wieder das Eis zu zerkleinern, doch ist es unumgänglich, wenn die Eiskristalle schön klein werden sollen. Das Zerkleinern geht übrigens einfacher, wenn man das Eis zuvor 5 Minuten der Raumtemperatur aussetzt.

Für 4 Personen
Vorbereitung 15 Minuten
Gefrierzeit 8 Stunden

500 ml Zitronensaft
125 g extrafeiner Zucker
2 EL eingelegte Zitrone, abgespült und
gehackt (Seite 14)
Schale von 1 unbehandelten Zitrone

Den Zitronensaft, den Zucker, die gehackte eingelegte Zitrone und die Zitronenschale in einem Topf vermengen und kurz aufkochen. Von der Kochstelle ziehen und abkühlen lassen. Die Mischung in eine flache Metallform gießen und zugedeckt im Gefrierschrank 2 Stunden anziehen lassen, bis die Ränder fest sind. Herausnehmen, die gefrorenen Eisränder mit einer Gabel zerstoßen und 1 weitere Stunde gefrieren lassen. Diesen Vorgang stündlich, insgesamt fünfmal wiederholen, bis die Granita zu gleichmäßig feinen Eiskristallen gefroren ist.

Die Granita ein letztes Mal mit der Gabel zerkleinern und servieren.

Gebrannte Creme mit eingelegten Zitronen und Passionsfrucht

Das Wichtigste bei der Zubereitung einer Englischen Creme (Grundcreme für zahlreiche Desserts und echte Vanillesauce) ist, dass man sie nicht übergart. Sie sollte in der Mitte noch leicht gelatinös sein, wenn sie aus dem Ofen kommt. Gart man sie zu lange, trennen sich die Bestandteile wieder und es setzt sich Wasser ab.

Für 4 Personen
Vorbereitung 15 Minuten
Garzeit 25 Minuten
Durchkühlen 4 Stunden

250 g extrafeiner Zucker
4 Eier
250 ml Crème fleurette (unpasteurisierte,
nicht homogenisierte Sahne)
200 ml passiertes Passionsfruchtfleisch
(als Ersatz eignet sich Mangopulpe aus der
Dose, in Asienläden erhältlich. Hierfür die
Zuckermenge halbieren)
1 EL in feine Streifen geschnittene eingelegte
Zitrone, abgespült (Seite 14)
2 EL abgeriebene Schale von 1 unbehandelten
Zitrone
60 g Zucker zum Karamellisieren

Den Ofen auf 160 °C vorheizen. Den extrafeinen Zucker, die Eier, die Crème fleurette, das Passionsfruchtfleisch und die abgeriebene Zitronenschale in einer Schüssel mit einem Schneebesen verschlagen. Die Masse in 4 Auflaufförmchen mit 250 ml Fassungsvermögen füllen. Die Förmchen in eine Bratenpfanne oder eine andere ofenfeste Form setzen und diese bis zur halben Höhe der Förmchen mit kochendem Wasser füllen.

Die Cremes im heißen Wasserbad im Ofen 25 Minuten garen, bis sie gestockt sind. Aus dem Ofen nehmen und etwas abkühlen lassen. Die Förmchen mit Frischhaltefolie bedecken und 4 Stunden kalt stellen.

Die Creme kurz vor dem Servieren mit dem Zucker bestreuen und unter dem sehr heißen Backofengrill goldbraun karamellisieren lassen.

Rechte Seite: Granita mit eingelegten Zitronen
Folgende Seiten: Gebrannte Creme mit eingelegten Zitronen und Passionsfrucht

Salz

Pudding „Surprise"
mit eingelegter Zitrone
und Kardamom

Eingelegte Zitronen spenden ein köstliches, salzig-
saures Aroma. Den Überraschungseffekt verdankt
dieses Rezept dem leckeren Zitronensirup, der
sich auf dem Formboden absetzt. Am allerbesten
schmeckt der Pudding direkt aus dem Ofen und
mit Puderzucker bestreut.

Für 4 Personen
Vorbereitung 20 Minuten
Garzeit 40 Minuten

60 g weiche Butter
180 g extrafeiner Zucker
3 Eier, getrennt
1 TL abgeriebene Schale von 1 Zitrone
1 EL Schale von 1 eingelegten Zitrone,
abgespült (Seite 14)
40 g Mehl, vermischt mit $1/4$ TL Backpulver
$1/2$ TL gemahlener Kardamom
60 ml Zitronensaft
180 ml Milch
Puderzucker zum Bestäuben

Den Ofen auf 180 °C vorheizen. Eine Auflaufform mit etwas zerlassener Butter einfetten.

Die Butter mit dem Zucker schaumig schlagen.
Die Eigelbe, die abgeriebene Zitronenschale
und die Schale der eingelegten Zitrone zugeben und alles gründlich vermengen.

Das Mehl und den Kardamom in eine Schüssel
sieben und unter die schaumig geschlagene
Buttermasse heben. Den Zitronensaft und die
Milch einarbeiten. In einer weiteren, sauberen
Schüssel die Eiweiße steif schlagen und unter
die Puddingmasse ziehen.

Die Puddingmasse mit einer Kelle in die vorbereitete Auflaufform füllen. Die Form in einen
großen Bräter setzen und diesen bis zur halben
Höhe der Form mit heißem Wasser füllen.
Den Pudding im heißen Wasserbad im Ofen
40 Minuten garen, bis er aufgegangen und an
der Oberfläche goldgelb ist. Mit Puderzucker
bestäuben und servieren.

Pfeffer

GETROCKNETER GRÜNER PFEFFER Grüne Pfefferkörner sind die im unreifen Zustand geernteten Früchte des tropischen Pfefferstrauchs. Die reifen Früchte liefern nach längerer Behandlung den weißen Pfeffer. Die getrockneten, zerstoßenen Körner werden zum Würzen von Saucen sowie trockenen und feuchten Marinaden verwendet. Ihr frisches, mildes Aroma harmoniert ausgezeichnet mit Tomaten, Zitrusfrüchten und Käse.

ROSA PFEFFER Bei den rosa Beeren, auch Schinus genannt, handelt es sich um die Früchte des falschen Pfefferstrauchs *(Schinus molle)*. Sie haben nicht die Schärfe des echten Pfeffers, jedoch ein delikates, an Kiefern erinnerndes Aroma. Rosa Pfeffer passt sowohl zu süßen als auch zu salzigen Speisen, besonders aber zu sahnigen Saucen.

SCHWARZER PFEFFER Die Körner werden noch grün geerntet und erhalten erst durch das Trocknen in der Sonne ihre schwarze Farbe. Schwarzer Pfeffer ist der wohl am häufigsten verwendete Pfeffer. Er schmeckt am besten zu rotem Fleisch und fettreichen Fischsorten wie Lachs oder Makrele. Damit sein volles Aroma zur Geltung kommt, sollte man die ganzen Pfefferkörner erst bei Bedarf mahlen.

BUNTER PFEFFER Diese bunte Mischung aus getrocknetem grünem sowie weißem, schwarzem und rosa Pfeffer bietet das komplette Spektrum an Pfefferaromen. Sie läßt sich auch in der Pfeffermühle mahlen, wirkt besonders dekorativ und eignet sich ideal zum Einreiben von Fleisch – mit oder ohne Paniermehl.

WEISSER PFEFFER Weiße Pfefferkörner werden zunächst fermentiert, anschließend von ihrer Fruchthaut befreit und getrocknet. Weißer Pfeffer ist schärfer als schwarzer, hat jedoch einen weniger ausgeprägten Eigengeschmack. Er passt gut zu Fisch und Meeresfrüchten und harmoniert wunderbar mit Knoblauch.

SICHUANPFEFFER Die Früchte eines in der chinesischen Provinz Sichuan beheimateten Strauchs sind aus der asiatischen Küche nicht wegzudenken. Damit die rotbraunen Beeren ihr ganzes Aroma entfalten, sollten sie vor Gebrauch geröstet werden. Von seiner besten Seite zeigt sich Sichuanpfeffer bei Pfannengerührtem (Wok-Gerichten), bei Ausbackteigen und als Tischwürze.

EINGELEGTER GRÜNER PFEFFER Rosa und grüner Pfeffer werden zuweilen in Essig oder Salzlake eingelegt. Die vor allem in der grünen Pfeffersauce bekannten Beeren entfalten einen leicht säuerlichen Geschmack. Ihr Aroma kommt in Sahnesaucen, Gebäck, Farcen und bei geschmortem Fleisch ausgezeichnet zur Geltung.

FRISCHER GRÜNER PFEFFER In vielen Asiamärkten findet man Trauben frischen grünen Pfeffers. Sein Aroma ist subtiler und vielschichtiger als das des getrockneten Verwandten. Er eignet sich sehr gut für Currys und Gebratenes und ist auch eine schmackhafte Alternative zu getrocknetem oder eingelegtem grünen Pfeffer. Frischer grüner Pfeffer lässt sich gut einfrieren.

Gewürzmischungen und Marinaden

Cajun-Gewürz

In einer Schüssel 2 EL Cayennepfeffer, 2 EL Paprikapulver, 2 EL Knoblauchpulver,
1 EL getrockneten Oregano, 1 EL getrockneten Thymian, 1 EL Zwiebelpulver, 1 EL feines
Salz, je 1 TL zerstoßenen weißen und zerstoßenen schwarzen Pfeffer gründlich vermengen. Diese Gewürzmischung ist ideal zum Trockeneinlegen von Fleisch und Geflügel
zum Grillen. Nicht weniger köstlich ist sie als Popcorngewürz oder als Tischwürze für
Frittiertes.

Ergibt etwa 45 g

Gewürzmischung mit Pfeffer, Parmesan und Rosmarin

In einer Schüssel 2–3 EL fein geriebenen Parmesan, 2–3 TL rosa Kristall- oder Guérande-Salz,
2–3 TL zerstoßenen schwarzen Pfeffer und
1 EL gehackten Rosmarin gründlich vermischen.
Geeignet für Salate, gedämpftes Grüngemüse,
Pasta und im Ofen gebackenes Gemüse mit Kartoffeln.

Ergibt etwa 80 g

Limetten-Pfeffer-Marinade

In einer Schüssel 2 EL Limettensaft, 1 EL Honig,
2 zerstoßene Knoblauchzehen, 2 TL abgeriebene
Schale von 1 unbehandelten Limette, 1 TL abgeriebene Schale von 1 unbehandelten Zitrone,
2 TL zerstoßenen schwarzen Pfeffer und 1 EL
Olivenöl gründlich verrühren. Fisch, Geflügel oder
Lammfleisch 30 Minuten in der Mischung marinieren lassen und anschließend kurz braten.

Ergibt etwa 80 ml

Marinade mit geräuchertem Paprika, rosa Pfeffer und Knoblauch

In einer Schüssel 2 zerstoßene Knoblauchzehen, 2 EL *sel gris* de Guérande (graues
Guérande-Salz), 2 TL rosa Pfeffer, 1/2 TL *pimentón* de la Vera (spanisches Pulver aus geräucherten Paprika) und 3 EL Olivenöl verrühren. Fleisch, Geflügel oder Fisch mit der
Mischung einreiben und vor der Zubereitung 30 Minuten marinieren lassen.

Ergibt etwa 80 ml

Gewürzmischung mit Nori, Sesam und rosa Pfeffer

In einer Schüssel ein halbes, in feine Stücke zerteiltes Nori-Blatt (getrocknete Algen),
2 EL geröstete Sesamsamen, 1/2 TL rote Chiliflocken, 1 EL Salzblüte und 2 TL zerstoßenen rosa Pfeffer sorgfältig verrühren. Besonders gut schmeckt diese Mischung als Tischwürze über gedämpftem Reis und frittiertem Fisch oder auch als Trockenmarinade
für Geflügel oder Schweineschnitzel.

Pfeffer

Geflügelleberpastete mit rosa Pfeffer

Das Geheimnis dieser cremigen Pastete liegt im genauen Timing beim Garen der Geflügellebern. Zu lange gegart werden sie körnig. Der Apfel steuert einen Hauch Süße bei, ein schöner Kontrast zum rosa Pfeffer.

Für 6 Personen
Vorbereitung 15 Minuten
Kühlzeit 4 Stunden
Garzeit 10 Minuten

100 g Butter
4 Schalotten, in feine Streifen geschnitten
1 Apfel, geschält und grob gerieben
500 g Geflügellebern
Salzblüte und zerstoßener schwarzer Pfeffer
2 EL rosa Pfeffer
3 EL Weinbrand oder Cognac
2 EL Crème fraîche légère (15-prozentiger Sauerrahm)
Sesamcracker zum Servieren

In einer Pfanne 30 g der Butter zerlassen und die Schalotten darin 3 Minuten anschwitzen. Den Apfel zugeben und 3 Minuten mitschwitzen, bis er weich ist. Die Mischung in den Mixer geben.

Weitere 30 g Butter in der Pfanne zerlassen, die Geflügellebern einlegen und mit Salz, dem schwarzen und dem rosa Pfeffer würzen. 2 Minuten auf mittlerer Stufe braten, bis die Lebern rundherum Farbe angenommen haben, im Innern aber noch rosa sind. Zu den anderen Zutaten in den Mixer geben.

Den Bratensatz in der Pfanne mit dem Weinbrand oder Cognac ablöschen und mit einem langen Streichholz flambieren. Sobald die Flamme erloschen ist, mit der Crème fraîche zu den anderen Zutaten in den Mixer geben und alles zu einer glatten Farce pürieren.

Die restliche Butter in Würfel schneiden und bei laufendem Gerät stückweise in die Farce einarbeiten. Die Farce in kleine Förmchen füllen, mit Frischhaltefolie bedecken und im Kühlschrank fest werden lassen. Mit Sesamcrackern servieren.

Pfeffer

Pikante Käsebällchen mit Pfeffer und Chili

Diese Käsebällchen aus abgetropftem Joghurt sind eine Spezialität aus dem Mittleren Osten, wo sie als *labneh* bekannt sind. Sie schmecken sehr gut mit Crackern und sind bei einer Auswahl Mezze oder Antipasti immer gern gesehen. Für eine süße Variante kann man sie statt in Pfeffer auch in zerstoßenen Walnusskernen wenden und mit etwas Honig überziehen.

Ergibt 20 Bällchen
Zubereitung 40 Minuten
Abtropfzeit 3 Tage

2 Passiertücher von 50 × 50 cm Größe
1,5 kg griechischer Joghurt natur (10 % Fett)
2 TL Salzblüte
2 TL Chiliflocken
2 EL zerstoßener bunter Pfeffer
1 TL rosa Kristallsalz (ersatzweise Himalaja- oder Guérande-Salz)

Den Joghurt in einer Schüssel mit der Salzblüte verrühren. Die Passiertücher übereinander legen und den Joghurt in die Mitte geben. Die 4 Tuchecken über der Joghurtmasse zusammenführen und mit einer Schnur zusammenbinden. In einen Durchschlag legen, diesen in eine Schüssel setzen und den Joghurt 3 Tage im Kühlschrank abtropfen lassen.

Den abgetropften Joghurt aus den Passiertüchern nehmen. Die Chiliflocken, den bunten Pfeffer und das rosa Salz vermengen. Aus der Joghurtmasse Bällchen formen und in der Gewürzmischung wenden.

Serviervorschlag: Reichen Sie zu den Käsebällchen geröstetes Bauernbrot und Rucola.

Aufbewahren: Die fertigen Käsebällchen in 500 ml Öl einlegen. Auf diese Weise halten sie sich im Kühlschrank bis zu einer Woche. Eine Stunde vor dem Servieren aus dem Kühlschrank nehmen, damit sich das Öl wieder verflüssigt.

Pfeffer

Thunfisch in Pfeffer-Limetten-Kruste mit Wasabi-Mayonnaise

Achten Sie beim Braten des Thunfischs darauf, dass er im Kern rosa bleibt, sonst lässt er sich nur schwer in saubere Scheiben schneiden. Das fettreiche Thunfischfleisch bildet einen reizvollen Kontrast zur pikanten Schärfe des Pfeffers.

Für 4 – 6 Personen als Vorspeise
Vorbereitung 10 Minuten
Kühlzeit 10 Minuten
Garzeit 2 Minuten

2 EL Sojasauce
2 TL Zitronensaft
300 g Thunfischfilet
1 ½ EL zerstoßener schwarzer Pfeffer
Fein abgeriebene Schale von 1 unbehandelten Limette
1 EL Pflanzenöl
½ TL Wasabi-Paste (im Asialaden erhältlich)
100 g Mayonnaise

Die Sojasauce mit dem Zitronensaft verrühren. Das Thunfischfilet längs in 3 cm dicke Streifen schneiden und in die Sauce legen. Den Pfeffer und die abgeriebene Limettenschale vermengen und die Thunfischstreifen darin rundherum wenden, sodass sie von allen Seiten gleichmäßig bedeckt sind.

In einer Pfanne das Öl erhitzen. Sobald es schön heiß ist, die Thunfischstreifen einlegen und von jeder Seite 1 Minute braten. Aus der Pfanne nehmen und sofort fest in Klarsichtfolie einwickeln, damit kein Saft verloren geht. Beiseite legen und abkühlen lassen.

Den abgekühlten Thunfisch mit einem sehr scharfen Messer in dicke Scheiben schneiden. Die Wasabi-Paste mit der Mayonnaise verrühren und mit dem Thunfisch servieren.

Bloody Mary

Bloody Mary gehört zu meinen Lieblingsdrinks, nicht zuletzt, weil sie so pikant und gesund schmeckt und eher an feste Nahrung erinnert als an einen Drink. Auch ohne Wodka ist Bloody Mary bei jedem Brunch willkommen. Am besten schmeckt sie ganz frisch zubereitet.

Ergibt 4 Gläser
Zubereitung 5 Minuten

Zerstoßenes Eis
125 ml Wodka
1 l Tomatensaft
2 TL Selleriesalz
2 TL zerstoßener schwarzer Pfeffer
Tabasco nach Belieben
Worcestershiresauce nach Belieben
4 Stängel Bleichsellerie zum Garnieren

4 große Gläser mit zerstoßenem Eis füllen. Zu gleichen Teilen den Wodka einschenken und mit dem Tomatensaft auffüllen. Mit der Hälfte des Selleriesalzes und des Pfeffers würzen und gut umrühren. Nach Belieben einige Spritzer Tabasco und Worcestershiresauce zugeben und nochmals gut verrühren.

Zum Garnieren die Selleriestängel auf einer Länge von 5 cm spalten und in dem Selleriesalz und Pfeffer wenden. Kurz vor dem Servieren dekorativ auf die Glasränder stecken.

Rechte Seite: Thunfisch in Pfeffer-Limetten-Kruste mit Wasabi-Mayonnaise
Folgende Seite: Bloody Mary

Pfeffer

Parmesancracker
mit grünem Pfeffer

Diese Cracker sind ideal als pikantes Amuse-
Gueule zum Aperitif. Ich verwende für dieses
Rezept einen Mürbeteig. Wenn Sie die Cracker
bei sehr heißer Witterung zubereiten, sollten Sie
den Teig vor der Weiterverarbeitung 30 Minuten
in den Kühlschrank legen, damit er nicht zu
weich wird.

Ergibt etwa 35 Cracker
Vorbereitung 30 Minuten
Backzeit 25 Minuten

150 g Mehl
180 g kalte Butter
100 g Parmesan, fein gerieben
1 EL gehackter eingelegter grüner Pfeffer

Den Ofen auf 180 °C vorheizen. In einer
Schüssel das Mehl und die Butter zu einem
krümeligen Teig verkneten. Den Parmesan
und den Pfeffer einarbeiten, den Teig rasch zu
einem Kloß formen und auf ein leicht be-
mehltes Brett legen.

Den Teig zwischen zwei Lagen Backpapier
ausrollen. Mit einem Teigausstecher Plätzchen
ausstechen und auf zwei mit Backpapier aus-
gekleidete Bleche legen. Die Cracker im Ofen
20 – 25 Minuten backen, bis sie goldgelb und
knusprig sind.

Sie können die Cracker 24 Stunden im Voraus
zubereiten und in einem fest verschlossenen
Behälter aufbewahren. Der Teig lässt sich in
Frischhaltefolie eingewickelt auch einfrieren.

Pfeffer

Thailändische Garnelen-suppe mit Pfeffer

Bei dieser Suppe verbindet sich die Schärfe des weißen Pfeffers auf harmonische Weise mit der Süße der Tomaten und des Rohrzuckers. Der Koriander steuert zusätzlich eine delikate und frische Note bei.

Für 4 Personen
Vorbereitung 20 Minuten
Garzeit 25 Minuten

3 Knoblauchzehen, geschält
1 EL frisch gehackte Korianderwurzel
1 Prise Salzblüte
10 schwarze Pfefferkörner
1 EL Erdnussöl
3 EL geriebener Palmzucker oder brauner Zucker
3 EL *nam pla* (thailändische Fischsauce)
750 ml Hühnerbrühe oder Fischfond
2 Tomaten, geviertelt
500 g Garnelen, geschält (Schwanzfächer stehen lassen), Därme entfernt
Frisches Koriandergrün zum Garnieren
50 g frittierte Schalotten zum Garnieren
Weißer Pfeffer aus der Mühle zum Garnieren

Den Knoblauch, die Korianderwurzel, das Salz und den Pfeffer im Mörser zu einer glatten Paste zermahlen oder durch die Gewürzmühle drehen. In einem Wok das Öl erhitzen und die Paste darin auf mittlerer Stufe 3 Minuten Farbe annehmen lassen. Den Zucker zugeben und unter ständigem Rühren weitergaren, bis er sich aufgelöst hat. Die *nam pla,* die Brühe oder den Fond und die Tomaten zugeben, die Hitze etwas reduzieren und alles 15 Minuten köcheln lassen. Die Garnelen hineingeben und noch 3–5 Minuten köcheln lassen, bis sie gar sind.

Die Suppe in 4 Schalen schöpfen, mit dem Koriandergrün, den frittierten Schalotten und dem weißen Pfeffer garnieren und servieren.

Grüner Spargel mit Pfeffer-Basilikum-Mayonnaise

Diese Mayonnaise schmeckt sehr gut zu Gemüse als Vorspeise, wie hier, passt aber auch hervorragend zu Fisch, Garnelen und Huhn. Wenn Sie gekaufte Mayonnaise verarbeiten, sollten Sie unbedingt zu einem Produkt von bester Qualität greifen.

Für 4 Personen als Vorspeise
Vorbereitung 10 Minuten
Garzeit 5 Minuten

300 g grüne Spargelspitzen
30 g frische Basilikumblätter
2 Knoblauchzehen
1/2 TL Meersalz (ersatzweise Salzblüte)
1 TL schwarze Pfefferkörner
125 g Mayonnaise

Den Spargel blanchieren oder dämpfen, bis er zart und leuchtend grün ist. In Eiswasser abschrecken und abtropfen lassen.

Das Basilikum mit dem Knoblauch, dem Salz und Pfeffer im Mörser zu einer glatten Paste zermahlen. Unter die Mayonnaise rühren und mit den Spargelspitzen servieren.

Rechte Seite: Thailändische Garnelensuppe mit Pfeffer
Folgende Seite: Grüner Spargel mit Pfeffer-Basilikum-Mayonnaise

Pfeffer

Pfeffer-Rösti mit Gravlax

Damit die Rösti schön knusprig werden, müssen die geriebenen Kartoffeln ganz trocken sein. Erhitzen Sie das Öl und die Butter nicht zu stark, sonst verbrennen die Rösti außen, bevor sie innen gar sind.

Für 4 Personen (Ergibt 12 Rösti)
Vorbereitung 25 Minuten
Garzeit 15 Minuten

2 Eier, leicht verschlagen
3 EL Mehl
1 EL Schnittlauchröllchen
1 ½ TL zerstoßener bunter Pfeffer
2 EL fein geriebener Parmesan
500 g Kartoffeln
1 TL Salzblüte
2 EL Olivenöl
20 g Butter
100 g Gravlax (Seite 18) oder Räucherlachs
Crème fraîche zum Servieren
8 große Kapern zum Garnieren

Die Eier mit dem Mehl und den Schnittlauchröllchen, dem bunten Pfeffer und dem Parmesan verschlagen. Die geschälten Kartoffeln grob raspeln, in ein sauberes Küchentuch einschlagen und überschüssiges Wasser gut ausdrücken. Mit der Eiermasse vermengen und mit der Salzblüte würzen.

Das Öl und die Butter in einer Pfanne erhitzen. Je 2 Esslöffel der Kartoffelmasse pro Rösti in das heiße Fett setzen und mit dem Löffelrücken etwas flach drücken. Von beiden Seiten goldbraun und knusprig braten. Die fertigen Rösti auf Küchenpapier abtropfen lassen und warm stellen, während Sie die restlichen Rösti braten.

Die Pfeffer-Rösti mit Gravlax (Rezept Seite 16) oder mit Räucherlachs und den Kapern garnieren und mit Crème fraîche servieren.

Pfeffer

Avocado und grüner Salat mit Rosa-Pfeffer-Vinaigrette

Dieser Salat ist ideal als leichte, erfrischende Vorspeise, egal was danach folgt. Geeignet ist jeder saisonale Salat, ich persönlich bevorzuge aber das leicht bittere Aroma der hier verwendeten Sorten. Sie können den Salat mit Garnelen oder gegrillten Jakobsmuscheln auch etwas reichhaltiger und aufwendiger gestalten.

Für 4 Personen als Vorspeise
Zubereitung 15 Minuten

2 große Avocados, halbiert und Stein entfernt
25 g Kresse
25 g Feldsalat oder Rucola

Für die Vinaigrette
1 ½ EL Rotweinessig
60 ml natives Olivenöl extra
1 Knoblauchzehe, zerstoßen
1 EL zerstoßener rosa Pfeffer
1 TL Honig
1 TL Dijon-Senf

Die Avocadohälften auf Teller setzen. Die Kresse in einer Schüssel behutsam mit dem Feldsalat oder Rucola vermengen.

Den grünen Salat zu gleichen Teilen auf den Avocadohälften anrichten. Aus dem Rotweinessig, dem Öl, Knoblauch, rosa Pfeffer, Honig und dem Senf eine Vinaigrette zubereiten. Die Avocados und den Salat mit der Vinaigrette überziehen und sofort servieren.

Gewürzschalotten mit rosa Pfeffer

Diese aromatischen Schalotten schmecken ausgezeichnet auf Crackern mit altem Cantal (französischer Bergkäse), aber auch zu gegrilltem Fleisch sind sie ein Genuss.

Für ein 1-Liter-Glas
Vorbereitung 5 Minuten
Garzeit 40 Minuten
Kühlzeit 1 Stunde

375 ml Malzessig
1 kg Schalotten, geschält und halbiert
350 g brauner Zucker
2 EL rosa Pfefferkörner
3 schwarze Pfefferkörner
1 Lorbeerblatt
1 EL frische Thymianblätter

In einer Kasserolle den Essig mit den Schalotten, dem Zucker, den rosa und schwarzen Pfefferkörnern, dem Lorbeer und Thymian zum Kochen bringen und 40 Minuten leise köcheln lassen, bis die Mischung eindickt und fast trocken ist. In ein sterilisiertes Glas füllen und fest verschließen.

Die Gewürzschalotten halten sich bis zu 3 Monate.

Rechte Seite: Avocado und grüner Salat mit Rosa-Pfeffer-Vinaigrette
Folgende Seite: Gewürzschalotten mit rosa Pfeffer

Pfeffer

Vietnamesische Nudel-suppe mit Rindfleisch

Eine Reise nach Vietnam war der Beginn einer unsterblichen Liebe zur *pho*, der Nationalsuppe mit Reisnudeln und Rindfleisch. Falls Sie für rohes Rinderfilet nicht zu begeistern sind, können Sie es auch kurz vor dem Servieren einige Minuten in der heißen Brühe ziehen lassen.

Für 4 Personen
Vorbereitung 15 Minuten
Garzeit 25 Minuten
Einweichen 10 Minuten

1,5 l Rinderbrühe
100 g frische Ingwerwurzel, geschält, in dünne Scheiben geschnitten und leicht zerdrückt
2 Zimtstangen
2 Sternanis
1 TL schwarze Pfefferkörner
3 EL *nuoc mam* (vietnamesische Fischsauce)
200 g getrocknete Reisnudeln
100 g Sojasprossen
250 g Rinderfilet, in hauchdünne Scheiben geschnitten
Koriandergrün, Frühlingszwiebelröllchen, Limettenviertel und fein zerstoßener Pfeffer, zum Garnieren

Die Rinderbrühe mit dem Ingwer, Zimt, Stern-anis, dem schwarzen Pfeffer und der *nuoc mam* in einen großen Topf geben. Zum Kochen brin-gen, die Hitze etwas reduzieren und zu-gedeckt 20 Minuten leise köcheln lassen. Die Brühe durch ein Sieb passieren (die Aroma-zugaben wegwerfen), zurück in den Topf gießen und erneut zum Kochen bringen.

Die Reisnudeln in einem zweiten Topf mit kaltem Wasser bedecken und 10 Minuten weichen lassen. Die Reisnudeln, die Soja-sprossen und die Filetscheiben auf Suppen-schalen verteilen und die heiße Brühe darüber schöpfen. Mit den Korianderblättern, den Früh-lingszwiebeln, den Limettenvierteln und dem schwarzen Pfeffer garnieren und servieren.

Pfeffer

Gebackener Fisch mit Knoblauch und Pfeffer

Wenn ich mein liebstes Thai-Gericht nennen sollte, dann fiele die Wahl wohl auf dieses. Korianderwurzel spielt bei dem Rezept eine wichtige Rolle, denn sie verleiht dem Fisch ein wunderbar pfeffriges Aroma. Die Wurzel lässt sich gut einfrieren, Sie können sich also bedenkenlos einen kleinen, immer griffbereiten Vorrat zulegen.

Für 4 Personen
Vorbereitung 10 Minuten
Marinierzeit 1 Stunde
Garzeit 7–10 Minuten

1 Seezunge oder Dorade von etwa 800 g, küchenfertig gesäubert
4 Knoblauchzehen, grob gehackt
2 EL frisch gehackte Korianderwurzel
¼ TL Meersalz (ersatzweise Salzblüte)
1 TL weiße Pfefferkörner
1 TL frische grüne Pfefferkörner
Erdnussöl zum Frittieren
1 Limette, geviertelt, zum Servieren

Den Fisch von beiden Seiten an der dicksten Stelle mit 3 bis 4 Einschnitten versehen, damit er gleichmäßig gart. Mit Küchenpapier abtupfen. In einem Mörser den Knoblauch mit der Korianderwurzel, dem Salz, dem weißen und grünen Pfeffer zu einer Paste zermahlen oder durch eine Gewürzmühle drehen. Den Fisch von beiden Seiten mit der Paste einreiben und 1 Stunde marinieren lassen.

In einem Wok oder einer großen Pfanne das Öl erhitzen, den Fisch einlegen und von beiden Seiten 7–10 Minuten backen, bis er goldgelb, knusprig und durchgegart ist. Auf Küchenpapier abtropfen lassen. Mit den Limettenvierteln zum Beträufeln servieren.

Pfeffer

Geschmortes Schweinekotelett mit Pfeffer und süßsauren Birnen

Je länger die Koteletts in der Mischung aus Honig, Paprika, Pfeffer und Rosmarin mariniert werden, desto besser schmecken sie. Wenn Sie die kleinen, süßen Corella-Birnen nicht finden, tun es Bosc-Birnen ebenso gut. Allerdings müssen Sie die Essig, Zucker- und Wassermenge verdoppeln und die Garzeit etwas verlängern.

Für 4 Personen
Vorbereitung 20 Minuten
Marinierzeit 4 Stunden
Garzeit 20–25 Minuten

4 Schweinekoteletts, küchenfertig pariert
2 EL Honig
1 TL Paprikapulver
1 EL zerstoßener bunter Pfeffer
2 TL frisch gehackter Rosmarin
2 EL Olivenöl
8 kleine saftige Birnen (vorzugsweise Corella), halbiert
1 EL Weißweinessig
1 EL Rohrzucker

Die Schweinekoteletts in eine flache Schale legen. Den Honig mit dem Paprika verrühren und die Koteletts mit der Mischung rundherum einstreichen. Den Pfeffer mit dem Rosmarin vermengen, das Fleisch beidseitig damit bestreuen und 4 Stunden marinieren lassen.

Den Ofen auf 200 °C vorheizen. Das Öl in einer Pfanne erhitzen und die Koteletts auf mittlerer Stufe von jeder Seite 2 Minuten anbraten, bis sie goldbraun sind. In eine Bratenpfanne legen.

Die Birnen in eine Schüssel geben. Den Essig, den Zucker und 1 Esslöffel Wasser zugeben und die Früchte sorgfältig in der Mischung wenden. Die Birnen zu dem Fleisch in die Bratenpfanne legen, mit Alufolie bedecken und im Ofen 10–15 Minuten garen. Das Fleisch sollte zart und saftig und die Birnen gerade zart, aber nicht weich sein. Die Alufolie abnehmen und die Koteletts noch 5 Minuten Farbe annehmen lassen.

Pfeffer

Gebratene Entenbrust mit Rotwein-Pfeffer-Sauce

Für dieses Rezept ziehe ich die Haut der Entenbrüste ab. Wer sie lieber dranlässt, sollte nicht vergessen, sie mehrmals mit der Gabel einzustechen, damit sie knusprig wird. Der Rotwein spielt hier eine Hauptrolle, sollte also unbedingt ein würdiger Tropfen sein.

Für 4 Personen
Vorbereitung 15 Minuten
Garzeit 30–35 Minuten
Ruhezeit 10 Minuten

1 EL Olivenöl
4 Entenbrustfilets

Für die Sauce
4 Schalotten, fein gehackt
10 schwarze Pfefferkörner
1 Zweig Thymian
1 Lorbeerblatt
500 ml Rotwein
250 ml Geflügelbrühe
10 g Butter
1 TL zerstoßener schwarzer Pfeffer

Den Ofen auf 200 °C vorheizen. Das Öl in einer Pfanne erhitzen, die Entenbrustfilets einlegen und von der einen Seite 5 Minuten Farbe annehmen lassen. Wenden und von der anderen Seite weitere 3 Minuten braun anbraten. In eine Bratenpfanne legen. Das Bratenfett für die Sauce zurückbehalten. Die Entenbrüste im Ofen in etwa 15 Minuten fertig braten. Aus dem Ofen nehmen und zugedeckt ruhen lassen, während die Sauce zubereitet wird.

Für die Sauce das Bratenfett bis auf 1 Esslöffel aus der Pfanne abgießen und die Schalotten darin 3 Minuten anschwitzen. Die Pfefferkörner, den Thymian und den Lorbeer zugeben und mit dem Wein ablöschen. Zum Kochen bringen und bei lebhafter Hitze 5 Minuten einkochen lassen, bis die Pfanne fast trocken ist. Die Brühe zugießen, aufkochen und den Bratensatz vom Pfannenboden losrühren. Die Sauce passieren, zurück auf den Herd stellen und zunächst den zerstoßenen Pfeffer, dann die Butter einrühren. Die Entenbrustfilets mit der Sauce überziehen und mit gedämpftem grünem Gemüse als Beilage servieren.

Pfeffer

Thailändischer Rindfleischsalat mit Curry-Pfeffer-Sauce

Dieser Salat heizt dem Gaumen weniger ein, als man vermutet; frischer grüner Pfeffer ist nicht besonders scharf, und die Sauce enthält genügend Zucker, um der feurigen Currypaste Paroli zu bieten – eine sehr verlockende Kombination.

Für 4–6 Personen
Vorbereitung 20 Minuten
Garzeit 12–15 Minuten
Ruhezeit 10 Minuten

500 g mageres Rumpsteak
100 g *mesclun* (gemischte grüne Blattsalate)
3 Tomaten, gewürfelt
1 Salatgurke, in dünne Scheiben geschnitten
1 Möhre, in dünne Scheiben geschnitten
1 große rote Paprikaschote, Samen entfernt und in feine Streifen geschnitten
20 g frische Minze

Für die Sauce
2 EL leicht zerdrückter frischer grüner Pfeffer
1 EL rote Currypaste
250 ml Kokosmilch
2 EL *nam pla* (thailändische Fischsauce)
3 EL geriebener Palmzucker oder brauner Zucker
1 EL Limettensaft

Das Rumpsteak auf dem leicht mit Öl bestrichenen Grill bei mittlerer bis starker Hitze von jeder Seite 5 Minuten „medium" grillen. Zugedeckt 10 Minuten ruhen lassen und anschließend in feine Streifen schneiden.

Die Blattsalate auf einer großen Servierplatte ausbreiten; die Tomaten, die Gurke, die Möhre, die Paprikastreifen und die Minze darauf anrichten. Die Rumpsteakstreifen dekorativ darauf verteilen.

Für die Sauce den Pfeffer, die Currypaste, die *nam pla,* den Zucker und den Limettensaft in einem kleinen Topf vermengen. Zum Kochen bringen, kurz eindicken lassen und kurz vor dem Servieren über den Salat ziehen.

Pikantes Rindfleisch aus dem Wok mit Zuckererbsen und Zitrone

Das Geheimnis dieses Rezeptes liegt in der langen Marinierzeit des Rindfleischs. Die Pfefferkörner bringen ihr Aroma am besten zur Entfaltung, wenn man sie zuvor röstet. Die Kombination von schwarzem Pfeffer und Sichuanpfeffer ist ein Klassiker in der asiatischen Küche.

Für 4 Personen
Vorbereitung 20 Minuten
Marinierzeit 1 Nacht
Garzeit 10 Minuten

500 g Rumpsteak
4 EL trockener Sherry
2 EL Austernsauce
2 EL Sojasauce
2 EL geriebener Palmzucker oder brauner Zucker
1 TL Sesamöl
2 EL schwarze Pfefferkörner
1 TL Sichuanpfefferkörner
1 TL Meersalz (ersatzweise Salzblüte)
3 EL Pflanzenöl
1 EL frisch geriebener Ingwer
2 Knoblauchzehen, zerstoßen
6 Frühlingszwiebeln, in Ringe geschnitten
200 g Zuckererbsen
80 ml Zitronensaft

In einer Schüssel den Sherry, die Austernsauce, die Sojasauce, den Zucker und das Sesamöl verrühren. Das Rumpsteak in Streifen schneiden, in die Marinade einlegen und von allen Seiten darin wenden. Im Kühlschrank über Nacht marinieren lassen.

In einem Wok die Pfefferkörner 3 Minuten fettlos rösten, bis sie aromatisch duften. Im Mörser grob zerstoßen oder in der Gewürzmühle grob mahlen. Mit dem Salz vermengen.

Das Öl in dem Wok erhitzen und das Fleisch rundherum braun anbraten. Den Ingwer, Knoblauch und die Frühlingszwiebeln zugeben und 3 Minuten pfannenrühren, bis sie weich zu werden beginnen. Die Zuckererbsen, die Hälfte der Pfeffer-Salz-Mischung und den Zitronensaft zugeben und weitere 2 Minuten rühren; die Zuckererbsen sollten leuchtend grün sein und glänzen.

In einer Schüssel anrichten und mit der restlichen Pfeffer-Salz-Mischung bestreuen. Als Beilage schmeckt am besten Reis.

Rechte Seite: Thailändischer Rindfleischsalat mit Curry-Pfeffer-Sauce
Folgende Seite: Pikantes Rindfleisch aus dem Wok mit Zuckererbsen und Zitrone

Pfeffer

Paniertes Schnitzel mit Parmesan und grünem Pfeffer

Bitten Sie Ihren Schlachter, die Schnitzel gut zu plattieren, und achten Sie darauf, dass das Öl und die Butter nicht zu heiß werden, da die Panierung sonst verbrennt, bevor das Fleisch gar ist!

Für 4 Personen
Vorbereitung 20 Minuten
Kühlzeit 30 Minuten
Garzeit 15 Minuten

4 dünne Kalbsschnitzel
Mehl
1 Ei, leicht verschlagen
2 EL eingelegte grüne Pfefferkörner, gehackt
80 g Semmelmehl
25 g Parmesan, fein gerieben
2 EL Olivenöl
50 g Butter
Gedämpftes Gemüse als Beilage

Das Mehl auf einem Teller ausbreiten. In einer Schüssel das Ei mit dem grünen Pfeffer verschlagen; in einer zweiten Schüssel das Semmelmehl mit dem Parmesan vermengen.

Die Kalbsschnitzel in dem Mehl wenden, überschüssiges Mehl abklopfen, durch das Ei ziehen und mit der Semmelmehl-Parmesan-Mischung panieren. Die panierten Schnitzel auf einer Platte zugedeckt 30 Minuten in den Kühlschrank stellen (so bleibt die Panierung besser haften).

Das Öl und die Butter in einer Pfanne erhitzen und die Kalbsschnitzel auf mittlerer Stufe von beiden Seiten braten, bis sie goldgelb und knusprig sind. Kurz auf Küchenpapier abtropfen lassen und mit gedämpftem Gemüse als Beilage servieren.

Pfeffer

Pfeffertarte mit geräucherter Forelle und karamellisierten Zwiebeln

Diese Tarte schmeckt kalt genauso gut wie warm und ist ideal für ein leckeres Picknick oder ein leichtes Mittagessen. Sie hält sich im Kühlschrank problemlos etwa 2 Tage.

Für 6 Personen
Vorbereitung 40 Minuten
Kühlzeit 15 Minuten
Garzeit 1 Stunde 25 Minuten

Für den Pfefferteig
250 g Mehl
100 g Butter
3 TL fein zerstoßener schwarzer Pfeffer
1 Ei

Für den Belag
3 EL Olivenöl
3 Zwiebeln, in feine Streifen geschnitten
1 Fenchelknolle, in Streifen geschnitten
100 g junger Spinat
200 g geräucherte Forellenfilets, in Stücke zerteilt
100 g Ziegenkäse, in dünne Scheiben geschnitten
3 Eier, leicht verschlagen
125 ml Crème fraîche légère (15-prozentiger Sauerrahm)

Den Ofen auf 200 °C vorheizen. Das Mehl mit der Butter und dem Pfeffer in der Küchenmaschine zu einem krümeligen Teig verarbeiten. Nach und nach das Ei sowie 2–3 Esslöffel Wasser einarbeiten, bis ein glatter Teig entstanden ist. Den Teig zu einem Kloß formen und zwischen 2 Lagen Klarsichtfolie zu einem Kreis ausrollen, der groß genug ist, um den Boden und Rand einer 24-cm-Tarteform zu bedecken. Die Form mit dem Teig auskleiden und 15 Minuten in den Kühlschrank stellen.

Den Teig mit Backpapier bedecken und die Form mit getrockneten Bohnen oder Backlinsen auffüllen. Im Ofen 15 Minuten blindbacken, anschließend die Bohnen oder Backlinsen mit dem Papier entfernen. Weitere 10 Minuten backen, aus dem Ofen nehmen und die Temperatur auf 160 °C reduzieren.

In einer Kasserolle das Öl erhitzen. Die Zwiebeln und den Fenchel auf mittlerer Stufe 20 Minuten karamellisieren lassen. Den Spinat zugeben und weitergaren, bis er zusammengefallen und das Gemüse weich ist. Das Gemüse in die Tarte einfüllen und die geräucherten Forellenstücke und den Ziegenkäse darauf verteilen. Die Eier mit dem Sauerrahm verschlagen und über die Tarte gießen. Im Ofen 40 Minuten backen, bis die Eiercreme gestockt ist.

Pfeffer

Hummer mit Sauce Mornay und grünem Pfeffer

Wählen Sie ausreichend große Hummer und rechnen Sie einen ganzen Hummer pro Person. Spalten Sie die Krustentiere der Länge nach mit einem großen Hackmesser oder mit einer scharfen Küchenschere.

Für 4 Personen
Vorbereitung 20 Minuten
Garzeit 10 Minuten

2 gekochte Hummer
50 g Butter
1 EL eingelegter grüner Pfeffer, grob gehackt
3 Schalotten, fein gehackt
2 EL Mehl
½ TL Dijon-Senf
300 ml Milch
2 Eigelbe
100 g Cheddar, gerieben
Salzblüte

Die Hummer der Länge nach spalten und das Fleisch aus den Schwanzstücken herauslösen. Die Köpfe wegwerfen oder die essbaren Teile herauslösen und für die Sauce zurückbehalten. Das Schwanzfleisch in mundgerechte Stücke zerteilen und wieder in die leere Karkasse einfüllen.

In einer Kasserolle die Butter zerlassen, den grünen Pfeffer und die Schalotten zugeben und 3 Minuten anschwitzen. Das Mehl einstreuen und unter ständigem Rühren 2 Minuten Farbe annehmen lassen. Den Senf unterrühren, den Topf von der Kochstelle ziehen und nach und nach unter Rühren die Milch zugießen. Den Topf wieder auf den Herd stellen und die Sauce auf mittlerer Stufe langsam aufkochen, bis sie eindickt.

Die Sauce vom Herd ziehen und unter Rühren die Eigelbe und den Käse unterziehen. Mit Salzblüte abschmecken. Die Hummerhälften in eine Bratenpfanne legen, mit der Sauce überziehen und unter dem Backofengrill goldgelb gratinieren. Sofort servieren.

Pfeffer

Lammrückenfilet in Pistazien-Pfeffer-Kruste

Wenn Sie keinen Mixer haben, können Sie die Pistazien und den Pfeffer auch im Mörser zerstoßen. Entscheidend ist, dass die Lammrückenfilets eine körnige, bunte Kruste erhalten.

Für 4 Personen
Vorbereitung 20 Minuten
Garzeit 15–20 Minuten
Ruhezeit 10 Minuten

25 g geschälte Pistazien
5 g rosa Pfefferkörner
15 g weiße Pfefferkörner
50 g Semmelmehl
1 EL grobkörniger Senf
2 Knoblauchzehen, zerstoßen
4 Lammrückenfilets von je etwa 150 g
Junger Spinat und Babymöhren als Beilage

Den Ofen auf 220 °C vorheizen. Die Pistazien, den rosa und den weißen Pfeffer im Mixer grob zermahlen. In einer flachen Schale mit dem Semmelmehl vermengen.

Den Senf mit dem Knoblauch verrühren und die Lammrückenfilets rundherum damit einreiben. Das Fleisch mit der Pistazien-Pfeffer-Mischung panieren und auf einem Rost in eine Bratenpfanne setzen. Je nach gewünschtem Gargrad im Ofen 15–20 Minuten braten. Das Lammfleisch aus dem Ofen nehmen und vor dem Tranchieren zugedeckt 10 Minuten ruhen lassen. Mit jungem Spinat oder Babymöhren als Beilage servieren.

Pfeffer

Gegrillter Lachs in Pfefferkruste mit Zitronen-Kräuterbutter

Ein einfaches und doch exzellentes Abendessen. Wenn man die Kräuterbutter schon vorbereitet hat, ist es im Handumdrehen fertig.

Für 4 Personen
Vorbereitung 20 Minuten
Einfrieren 30 Minuten
Garzeit 5–7 Minuten

Zitronen-Kräuterbutter
125 g weiche Butter
1 Knoblauchzehe
1 TL Salzblüte
1 TL abgeriebene Schale von 1 unbehandelten Zitrone
2 EL fein geriebener Parmesan
2 EL frisch gehackte Kräuter (Dill, Schnittlauch und Kerbel)

Lachs
2 EL zerstoßener schwarzer Pfeffer
4 Lachsfilets
Sahniges Kartoffelpüree als Beilage
Kresse zum Garnieren

Die Butter, den Knoblauch, die Salzblüte, die Zitronenschale und den Parmesan im Mixer zu einer glatten Paste pürieren. Die gehackten Kräuter unterrühren. Die Kräuterbutter zu einer Rolle formen, in Frischhaltefolie einwickeln und im Gefrierschrank 30 Minuten fest werden lassen. Anschließend in dicke Scheiben schneiden.

Den Pfeffer auf einem Teller ausbreiten und die Lachsfilets von beiden Seiten fest hineindrücken, sodass sie gleichmäßig bedeckt sind. Unter dem vorgeheizten Backofengrill je nach gewünschtem Gargrad 5–7 Minuten grillen.

Auf jedes Lachsfilet eine Scheibe Zitronen-Kräuterbutter setzen. Den Lachs mit der Kresse garnieren und mit einem cremigen Kartoffelpüree als Beilage servieren.

Pfeffer

Marinierte Hähnchen- schenkel mit Pfeffer und Sesam

Dieses Rezept eignet sich für Hähnchenflügel und ganze Keulen gleichermaßen. Sie sollten während des Bratens wiederholt gewendet werden, damit sie rundherum eine gleichmäßig schöne Farbe annehmen und nicht anhaften. Ob heiß oder kalt, sie sind einfach ein Genuss.

Für 4–6 Personen
Vorbereitung 15 Minuten
Marinierzeit mindestens 4 Stunden
Garzeit 40 Minuten

1 kg Hähnchenunterschenkel
1 TL Sesamöl
1 TL zerstoßener schwarzer Pfeffer
4 Knoblauchzehen, gehackt
60 ml trockener Sherry
125 ml Honig
80 ml Sojasauce
1 EL *nuoc mam* (vietnamesische Fischsauce)
2 EL Sesamsamen

Die Hähnchenschenkel am oberen Ende auf beiden Seiten tief einschneiden, damit sie leichter durchgaren. Das Sesamöl mit dem Pfeffer, Knoblauch, Sherry, Honig, der Sojasauce, dem *nuoc mam* und den Sesamsamen in einer Schüssel gründlich verrühren. Die Hähnchenschlegel einlegen und mit den Händen rundherum gleichmäßig mit der Marinade einreiben. Zugedeckt im Kühlschrank mindestens 4 Stunden oder über Nacht marinieren lassen.

Den Ofen auf 200 °C vorheizen. Die marinierten Hähnchenschenkel in eine große ofenfeste Form legen und 30–40 Minuten im Ofen braten, bis sie goldbraun und durchgegart sind. Zwischendurch 2–3-mal wenden.

Pfeffersteak

Ein saftiges, zartes Stück aus der Dünnung *(bavette)* ist für dieses Rezept ebenso geeignet wie ein Lendenstück (flaches Roastbeef oder *faux filet*). Wenn Sie das Fleisch durchgebraten bevorzugen, sollten Sie besser zu leicht marmorierten Steaks aus der Lende greifen. Der Cognac und die Sahne helfen, das Feuer des Pfeffers ein wenig zu löschen.

Für 4 Personen
Vorbereitung 15 Minuten
Ruhezeit 15 Minuten
Garzeit 25 Minuten

4 Rindersteaks aus der Lende
2 Knoblauchzehen, zerstoßen
2 EL Olivenöl
1 EL schwarze Pfefferkörner

Für die Sauce
60 ml Cognac
125 ml Weißwein
125 ml Rinderbrühe
250 ml Crème fraîche légère (15-prozentiger Sauerrahm)
2 EL eingelegter grüner Pfeffer, leicht zerdrückt

Gedämpfte neue Kartoffeln als Beilage
Grüner Salat als Beilage

Die Steaks von Sehnen und überschüssigem Fett befreien. Den Knoblauch mit 1 Esslöffel Olivenöl verrühren und die Steaks von beiden Seiten damit einreiben.

Die Pfefferkörner im Mörser grob zerstoßen und auf einem Teller ausbreiten. Die Steaks von beiden Seiten in die Pfeffermischung drücken und zugedeckt 15 Minuten ruhen lassen, damit sie gut durchziehen.

Das restliche Öl in einer Pfanne erhitzen, bis es zu rauchen beginnt. Die Steaks einlegen und bei starker Hitze von beiden Seiten bis zum gewünschten Gargrad braten (etwa 1 Minute pro Seite für „blutig", 2–3 Minuten pro Seite für „medium" und 5–6 Minuten pro Seite für „durch"). Die Steaks aus der Pfanne nehmen, locker mit Alufolie bedecken und ruhen lassen, während Sie die Sauce zubereiten.

Den Bratensatz bei starker Hitze mit dem Cognac und dem Weißwein ablöschen und vom Pfannenboden losrühren. Die Brühe, die Sahne und den grünen Pfeffer zugeben und einkochen lassen, bis die Sauce den Rücken eines Löffels überzieht. Die Steaks mit ihrem Saft einlegen und kurz wieder erhitzen. Mit Dampfkartoffeln und grünem Salat als Beilage servieren.

Rechte Seite: Marinierte Hähnchenschenkel mit Pfeffer und Sesam
Folgende Seite: Pfeffersteak

Pfeffer

Ravioli mit Ziegenkäse-Kürbis-Füllung

Die chinesischen Wan-Tan-Blätter aus Nudelteig beschleunigen die Zubereitung von Ravioli erheblich. Sie bekommen sie (auch unter dem Namen Wonton) im asiatischen Lebensmittelhandel.

Für 4 Personen
Vorbereitung 30 Minuten
Garzeit 30 Minuten

500 g Garten- oder Butternusskürbis, gewürfelt
2 TL zerstoßener bunter Pfeffer
1 EL frischer Zitronenthymian
3 Frühlingszwiebeln, gehackt
100 g Ziegen-Frischkäse, zerkrümelt
1 Paket (250 g) Wan-Tan-Blätter
50 g Butter
125 ml trockener Weißwein
125 ml Geflügelbrühe
50 g Parmesan, gehobelt, zum Garnieren
Frisches Basilikum zum Garnieren
Zerstoßener schwarzer Pfeffer zum Garnieren

Das Kürbisfleisch in reichlich kochendem Wasser garen, bis es weich ist. Abtropfen lassen und zu einem glatten Püree verarbeiten. Den Pfeffer, den Thymian, die Frühlingszwiebeln und den Ziegenkäse zugeben und alles sorgfältig verrühren.

Ein Wan-Tan-Blatt auf die trockene, saubere Arbeitsplatte legen und in die Mitte 1 Esslöffel der Kürbismasse setzen. Die Teigränder mit etwas Wasser benetzen und ein weiteres Wan-Tan-Blatt auflegen. Zum Versiegeln die Ränder rundherum mit den Zinken einer Gabel andrücken. Die restlichen Wan-Tan-Blätter auf gleiche Weise mit der Kürbismasse füllen.

Die Ravioli in mehreren Durchgängen in reichlich kochendem Wasser etwa 5 Minuten garen. Sie sind gar, sobald sie an die Oberfläche steigen. Mit einem Schaumlöffel auf eine vorgewärmte Servierplatte heben.

Die Butter in einer Pfanne zerlassen, den Wein und die Brühe zugießen und zum Kochen bringen. Bei lebhafter Hitze 10 Minuten leicht einkochen lassen.

Die Ravioli mit der Sauce überziehen, mit den Parmesanhobeln, dem Basilikum und dem schwarzen Pfeffer garnieren und servieren.

Pfeffer

Gefüllte Hähnchenbrust mit Cheddar und Tomaten-Salsa

Sie können sich bei diesem Rezept die Arbeit etwas erleichtern, indem Sie einen bereits mit Pfeffer gewürzten alten Cheddar verwenden. Ich bereite lieber meine eigene Mischung zu, die etwas pfeffriger ausfällt als der im Handel erhältliche Käse.

Für 4 Personen
Vorbereitung 25 Minuten
Garzeit 20 Minuten

4 Hähnchenbrustfilets
3 Knoblauchzehen, zerstoßen
125 g alter Cheddar, gerieben
2 EL frische oder getrocknete grüne Pfefferkörner, zerstoßen
1 EL natives Olivenöl extra

Für die Salsa
2 vollreife Tomaten, gewürfelt
½ kleine rote Zwiebel, gehackt
1 EL gehackte *jalapeño*-Chili
1 EL Limettensaft
1 EL natives Olivenöl extra
1 EL gehacktes Koriandergrün

Den Ofen auf 200 °C vorheizen. Die Hähnchenbrüste seitlich so einschneiden, dass eine Tasche entsteht, jedoch nicht durchschneiden. Den Knoblauch, den geriebenen Käse und den Pfeffer vermengen, die Hähnchenbrüste zu gleichen Teilen mit der Mischung füllen und mit einem kleinen Holzspieß verschließen. Die gefüllten Hähnchenbrüste in eine mit dem Öl ausgepinselte Bratenpfanne legen und im Ofen 15–20 Minuten braten, bis sie zart sind.

Für die Salsa die Tomaten, die Zwiebel, die Chili, den Limettensaft, das Öl und das Koriandergrün in einer Schüssel vermengen. Dazu passt am besten ein gemischter Salat.

Pfeffer

Kartoffelsalat mit Salami

Salami mit einer Kruste aus Pfeffer und anderen Gewürzen schmeckt nicht nur hervorragend auf einem Sandwich, sondern macht sich auch wunderbar in einem Kartoffelsalat. Bitten Sie Ihren Schlachter, sie etwas dicker aufzuschneiden als üblich, so kommt ihr pikantes Aroma in dem Salat besser zur Geltung.

Für 6 Personen
Vorbereitung 20 Minuten
Garzeit 15 Minuten
Kühlzeit 30 Minuten

100 g Pfeffersalami
1 EL Olivenöl
1 kg kleine neue Kartoffeln
6 Frühlingszwiebeln, in Scheiben geschnitten
6 polnische Gurken (oder andere Gewürz-gurken), in kleine Würfel geschnitten
1 EL frische gehackte Minze
125 g Sauerrahm
1 EL Meerrettichcreme
1 EL grobkörniger Senf
2 TL Honig
4 hart gekochte Eier, gehackt

Die Salami in Streifen schneiden. Das Öl in einer Pfanne erhitzen und die Salamistreifen auf mittlerer Stufe 5 Minuten bräunen, bis sie knusprig sind. Auf Küchenpapier abtropfen lassen.

Die Kartoffeln je nach Größe halbieren oder vierteln und in reichlich kochendem Salzwasser bissfest garen. Nicht übergaren, damit sie im Salat nicht zerfallen. Abkühlen lassen.

Die Kartoffeln, die Hälfte der Frühlingszwiebeln, die Gurken und die Minze in einer Schüssel vermengen. Den Sauerrahm mit der Meer-rettichcreme, dem Senf und dem Honig ver-schlagen und behutsam unter den Kartoffelsalat ziehen. Die hart gekochten Eier über den Salat streuen. Den Salat mit den Salamistreifen und den restlichen Frühlingszwiebeln garnieren.

Pfeffer

Wassermelonen-Granita mit Rosenwasser und rosa Pfeffer

Diese Granita setzt einen belebenden Akzent nach dem Essen oder erfrischt den Gaumen zwischen zwei Gängen. Ein Schuss Gin oder Wodka verwandelt sie sogar in einen schmackhaften Aperitif. Der rosa Pfeffer verleiht ihr das gewisse Etwas.

Für 4 Personen
Vorbereitung 10 Minuten
Gefrierzeit 8 Stunden

600 g Wassermelone
1 TL Rosenwasser
2 TL grob zerstoßener rosa Pfeffer
1 EL Limettensaft
Abgeriebene Schale von 1 unbehandelten Limette

Das Melonenfleisch mit dem Rosenwasser, dem rosa Pfeffer, dem Limettensaft und der Limettenschale in der Küchenmaschine pürieren. In eine metallene Schüssel füllen und zugedeckt 2 Stunden im Gefrierschrank anziehen lassen, bis die Masse am Rand fest ist. Das Eis mit einer Gabel zerdrücken und weiter gefrieren lassen. Diesen Vorgang stündlich, insgesamt fünfmal, wiederholen, bis die Granita vollständig zu gleichmäßig feinen Kristallen gefroren ist.

Die Granita vor dem Servieren nochmals mit der Gabel zerstoßen.

Pfeffer

Kokoskuchen mit schwarzem Pfeffer und Zitronensirup

Limetten in Verbindung mit schwarzem Pfeffer haben sich bei salzigen Zubereitungen längst bewährt, bei Desserts hatte ich diese Kombination bisher nicht probiert. Ganz bestimmt wird Sie dieser Kuchen genauso begeistern wie mich. Sie können wahlweise einen großen oder mehrere kleine Portionskuchen zubereiten.

Ergibt einen Kuchen à 8 Stücke oder 6 kleine Kuchen
Vorbereitung 15–20 Minuten
Backzeit für 1 großen Kuchen 55 Minuten
Backzeit für 6 kleine Kuchen 40 Minuten

125 g Butter
2 TL abgeriebene Schale von 1 unbehandelten Limette
2 TL zerstoßener schwarzer Pfeffer
250 g feiner Zucker
4 Eier
180 g Kokosmehl (feine Kokosraspel)
125 g Mehl, vermischt mit 1 ½ TL Backpulver und 1 Prise Salz

Für den Sirup
250 g Zucker
2 EL Limettensaft
Abgeriebene Schale von 1 unbehandelten Limette

Den Ofen auf 160 °C vorheizen. Eine 20-cm-Kastenform oder ein Backförmchen-Set mit 6 Vertiefungen à 250 g Fassungsvermögen ausbuttern oder mit Backpapier auskleiden.

In einer Schüssel die Butter mit der abgeriebenen Limettenschale, dem Pfeffer und dem Zucker schaumig schlagen. Nacheinander die Eier hineinschlagen und vor dem nächsten Ei jeweils gründlich einarbeiten. Das Kokosmehl und das Mehl zugeben und sorgfältig unterrühren. Den Teig in die vorbereitete(n) Form(en) gießen und bei einem großen Kuchen 50 Minuten bzw. 35 Minuten bei kleinen Portionskuchen backen. Der Kuchen ist fertig, wenn ein in der Mitte hineingestochenes Holzstäbchen sauber wieder herauskommt.

Für den Sirup in einem Topf 250 ml Wasser mit dem Zucker und der Limettenschale vermengen und auf kleiner Stufe unter Rühren erhitzen, bis sich der Zucker aufgelöst hat. Aufkochen und 5 Minuten köcheln lassen, bis der Sirup leicht eingedickt ist.

Den Kuchen mit dem heißen Sirup überziehen und sofort servieren. Dieses Dessert schmeckt besonders lecker mit einer guten Tasse Kaffee.

Pfeffer

Erdbeeren mit Vanille-Pfeffer-Sirup und Mascarpone

Wählen Sie für dieses Rezept möglichst kleine und süße Erdbeeren. Sie werden überrascht sein, wie wunderbar der Pfeffer das Erdbeeraroma zur Geltung bringt und diesem eigentlich einfachen Dessert ganz besonderen Pfiff verleiht. Wer die Vielfalt liebt, kann gern noch andere Beerenfrüchte zugeben.

Für 4 Personen
Vorbereitung 15 Minuten
Garzeit 5 Minuten
Kühlzeit 30 Minuten
Marinierzeit 30 Minuten

500 g kleine Erdbeeren
125 ml Weinbrand
1 Vanilleschote, längs gespalten
1 EL zerstoßener bunter Pfeffer
125 g feiner Zucker
250 g Mascarpone zum Servieren

Die Erdbeeren in eine Schüssel geben. Den Weinbrand mit der Vanilleschote, dem Pfeffer und dem Zucker in einem Topf vermengen und auf kleiner Flamme unter Rühren erhitzen, bis sich der Zucker aufgelöst hat. Aufkochen und bei lebhafter Hitze kochen lassen, bis der Sirup leicht eingedickt ist. Abkühlen lassen.

Den Sirup über die Erdbeeren gießen und die Früchte 30 Minuten marinieren. Die Erdbeeren in Schalen oder Gläsern anrichten und mit dem Mascarpone servieren.

Pfeffer

Indischer Tee mit Pfeffer

Eine Reise nach Indien genügte, um aus mir eine passionierte Chai-Trinkerin zu machen. Ich persönlich verwende keinen schwarzen Tee, aber wenn Ihnen nach einer Dosis Tein ist, geben Sie ruhig 1–2 Teelöffel Schwarztee in die Milch. Der Pfeffer sorgt für eine pikante Note.

Für 2 Tassen
Vorbereitung 5 Minuten
Garzeit 5 Minuten
Ziehdauer 5 Minuten

15 g schwarze Pfefferkörner
15 g Stangenzimt
5 g Nelken
15 g grüner Kardamom
500 ml Milch
1 EL Rohrzucker

Den schwarzen Pfeffer, den Zimt, die Nelken und den Kardamom in der Gewürzmühle zu einem feinen Pulver zermahlen.

Die Milch in einen Topf geben, 1 Teelöffel der gemahlenen Gewürzmischung einrühren und fast bis zum Aufwallen erhitzen. Vom Herd nehmen und 5 Minuten ziehen lassen, damit sich die Aromen entfalten können. Die Milch wieder auf den Herd stellen, den Zucker zugeben und unter Rühren auflösen. Den Chai durch ein Sieb gießen und sofort servieren.

Pochierte Pfirsiche mit Ahornsirup-Creme

Sie haben noch Pfirsiche übrig? Dieses Rezept erlaubt eine schmackhafte Verwertung. Verwenden Sie unbedingt einen Ahornsirup von bester Qualität. Sein voller Geschmack harmoniert wunderbar mit dem frischen Minzaroma und dem rosa Pfeffer.

Für 4 Personen
Vorbereitung 15 Minuten
Weichen 10 Minuten

4 reife Pfirsiche
250 ml Crème fleurette (unpasteurisierte, nicht homogenisierte Sahne)
1 EL fein gehackte frische Minze
1 TL zerstoßener rosa Pfeffer
2 EL Ahornsirup

Die Pfirsiche an der oberen Seite kreuzweise einschneiden. In eine Schüssel legen, mit kochendem Wasser überbrühen und 10 Minuten weichen lassen, bis sich die Schale abzulösen beginnt. Die Pfirsiche schälen.

Die Sahne steif schlagen und vorsichtig die Minze, den rosa Pfeffer und den Ahornsirup unterziehen. Die Pfirsiche im Ganzen mit der Ahornsirup-Creme servieren.

Rechte Seite: Indischer Tee mit Pfeffer
Folgende Seite: Pochierte Pfirsiche mit Ahornsirup-Creme

Pfeffer

Vanille-Pistazien-Eis mit schwarzem Pfeffer

Dieses Eis lässt sich auch in einer großen Eisbomben-Form zubereiten. Schokoladenfans können zusätzlich geraspelte Schokolade unter die Eismasse ziehen. Die unterschiedlichen Aromen ergänzen sich zu einem harmonischen Geschmackserlebnis, bei dem die Fülle der Sahne die Schärfe des Pfeffers im Zaum hält.

Für 6 Personen
Vorbereitung 20 Minuten
Garzeit 15 Minuten
Ziehdauer 15 Minuten
Gefrierzeit 1 Nacht
Antauen 5 Minuten

1 Vanilleschote
125 ml Milch
1 1/2 TL zerstoßener schwarzer Pfeffer
75 g Pistazienkerne
400 ml gesüßte Kondensmilch (z. B. Milchmädchen von Nestlé)
750 ml Sahne

Die Vanilleschote der Länge nach spalten und das Mark herauskratzen. Das Mark und die Schote mit der Milch und dem Pfeffer in einem Topf vermengen und bis kurz vor dem Aufwallen erhitzen. Vom Herd nehmen und 15 Minuten ziehen lassen. Die Vanilleschote herausnehmen und wegwerfen.

Die Pistazien im Mixer fein hacken. Mit der Kondensmilch in die Vanillemilch geben und gründlich verrühren. Die Sahne steif schlagen und behutsam unter die Pistazien-Vanille-Milch ziehen.

Die Eismasse auf 6 kleine Förmchen mit etwa 200 ml Fassungsvermögen verteilen und über Nacht im Gefrierschrank gefrieren lassen. Vor dem Servieren 5 Minuten bei Raumtemperatur antauen lassen.

Pfeffer

Dattel-Nuss-Kuchen
mit Anis

Dieser der Baklava ähnliche, siruptriefende
Kuchen schmeckt ganz außergewöhnlich. Ein
Schuss Ouzo verleiht ihm einen subtilen Anis-
geschmack, während der Pfeffer ein wenig
die Süße des Honigs und der Datteln bändigt.
Ein gehaltvolles, aber nicht zu süßes Dessert.

Für 8–10 Personen
Vorbereitung 30 Minuten
Garzeit 45 Minuten
Abkühlzeit 1 Stunde

100 g frische Datteln, entsteint und halbiert
30 ml Ouzo
8 Filoteigblätter
50 g zerlassene Blätter
150 ml Crème fraîche
60 g Butter
100 g Honig
100 g Rohrzucker
1 ½ TL zerstoßener schwarzer Pfeffer
200 g Mandelblättchen
100 g Walnusskerne, gehackt
50 g Pinienkerne
Crème fraîche légère (15-prozentiger
Sauerrahm) zum Servieren

Den Ofen auf 180 °C vorheizen. Die Datteln
in dem Ouzo einweichen, während Sie den
Kuchen zubereiten. Eine 25-cm-Springform ausbuttern.

Ein Filoteigblatt mit zerlassener Butter bestreichen und so in die Form einlegen, dass der
Boden und die Ränder bedeckt sind. Überhängenden Teig abschneiden.

Die Crème fraîche, die Butter, den Honig, den
Rohrzucker und den Pfeffer in einem Topf verrühren und zum Kochen bringen. Die Hitze
etwas reduzieren und die Mischung 10 Minuten
köcheln lassen. Die Mandeln, Walnüsse und
Pinienkerne zugeben und gründlich verrühren.

Die Datteln auf dem Formboden verteilen, die
Nuss-Mischung einfüllen und glatt streichen. Im
Ofen 35 Minuten backen, bis die Oberfläche
des Kuchens goldbraun ist. Vollständig abkühlen
lassen und mit Crème fraîche, Eiscreme oder
Vanillesauce servieren.

Sie können die frischen Datteln auch durch
getrocknete Früchte oder durch frische Feigen
ersetzen.

Pfeffer

Mandelkrokant mit rosa Pfeffer und Rosenblättern

Ich serviere diesen Mandelkrokant am liebsten zu einer Tasse Tee oder als Zugabe zum Dessert. Der rosa Pfeffer sorgt für ein paar hübsche Farbtupfer und einen reizvollen Kontrast zur Süße des Zuckers. In einem fest verschlossenen Gefäß hält sich der Krokant bis zu drei Tage.

Für 4 Personen als Amuse-Bouche
Vorbereitung 5 Minuten
Back- und Kochzeit 20 Minuten

125 g Mandelkerne
1 TL zerstoßener rosa Pfeffer
1 TL Mohnsamen
250 g Zucker
1 EL frische Rosenblätter

Den Ofen auf 180 °C vorheizen. Die Mandeln auf einem Backblech ausbreiten und im Ofen 10 Minuten rösten, bis sie goldgelb sind.

Ein Backblech mit Backpapier auslegen und die Mandeln, den rosa Pfeffer und den Mohn gleichmäßig darauf verstreuen.

In einer Kasserolle mit schwerem Boden 3 Esslöffel Wasser mit dem Zucker verrühren und auf kleiner Flamme erhitzen, bis der Zucker geschmolzen ist. Den Sirup in 5–10 Minuten zu einem dunklen Karamell kochen und über die Mischung auf das Backblech gießen. Die Rosenblätter darüber streuen und leicht andrücken – Vorsicht, dass Sie sich nicht verbrennen! Den Krokant aushärten lassen und in längliche Täfelchen zerteilen.

Am Topfboden haftende Karamellreste lassen sich am besten lösen, indem man etwas Wasser zugießt und sie unter Rühren auf dem Herd langsam auflöst.

Rhabarber mit schwarzem Pfeffer und Ingwerbaiser

Achten Sie darauf, dass das Eiweiß raumtemperiert ist, bevor Sie es aufschlagen – am besten in einer Edelstahl-, Kupfer- oder Glasschüssel – dann wird es luftiger. Und denken Sie daran, dass Baiser bei feuchter und schwüler Witterung praktisch immer misslingt.

Für 6 Personen
Vorbereitung 15 Minuten
Garzeit 40 Minuten
Abkühlen 1 Stunde

2 Eiweiße
250 g feiner Zucker
1 EL gehackter eingelegter Ingwer
500 g Rhabarber, in 5 cm lange Stücke geschnitten
1 TL zerstoßener schwarzer Pfeffer
1 TL abgeriebene Schale von 1 unbehandelten Zitrone
125 ml Crème fraîche zum Servieren

Den Ofen auf 150 °C vorheizen. Ein Backblech mit Backpapier auskleiden. Das Eiweiß in einer trockenen, sauberen Schüssel schlagen, bis es fest zu werden beginnt. Nach und nach die Hälfte des Zuckers zugeben und dabei weiterschlagen, bis der Eischnee fest ist und glänzt. Zuletzt den Ingwer unterziehen.

Den Eischnee in 6 Portionen teilen und in kleinen Häufchen auf das vorbereitete Blech setzen. Im Ofen 30 Minuten backen, bis die Baisers knusprig und goldgelb sind. Den Ofen ausschalten und die Baisers im Ofen abkühlen lassen.

Sobald die Baisers erkaltet sind, in einem Topf den Rhabarber, den Pfeffer, den restlichen Zucker und die Zitronenschale mit 125 ml Wasser vermengen und auf kleiner Flamme unter ständigem Rühren erhitzen, bis sich der Zucker aufgelöst hat. Zugedeckt 10 Minuten leise köcheln lassen, bis der Rhabarber weich ist.

Die Baisers mit der Crème fraîche und dem Rhabarber garnieren und servieren.

Rechte Seite: Mandelkrokant mit rosa Pfeffer und Rosenblättern
Folgende Seite: Rhabarber mit schwarzem Pfeffer und Ingwerbaiser

Pfeffer

Indischer Reispudding

Reispudding ist für mich das Kraft spendende Dessert schlechthin. Die Inder bereiten ihn gern mit Pfeffer, das fördert die Verdauung, und der würzige Reis ist genau der richtige Balsam nach einem gehaltvollen Curry.

Für 4 Personen
Vorbereitung 10 Minuten
Garzeit 1 Stunde 15 Minuten

1 l Milch
1 Zimtstange
4 Nelken
1 TL zerstoßener rosa Pfeffer
3 Kardamomkapseln, leicht zerdrückt
1 Vanilleschote, längs gespalten
75 g Rohrzucker
100 g Rundkornreis
2 EL gehackte Pistazien zum Garnieren
1 TL zerstoßener bunter Pfeffer zum Garnieren

Die Milch in einem Topf bis kurz vor dem Aufkochen erhitzen. Die Gewürze und den Rohrzucker zugeben und verrühren, bis sich der Zucker aufgelöst hat. Den Reis einstreuen und 1 Minute weiterrühren, bis die Milch aufwallt. Die Hitze reduzieren und auf ganz kleiner Flamme etwa 1 Stunde garen, bis der Reis weich ist. Gelegentlich umrühren, damit er nicht anhaftet. Die Zimtstange und die Vanilleschote herausnehmen und wegwerfen. Die Pistazien mit dem bunten Pfeffer vermengen und kurz vor dem Servieren über den Reispudding streuen.

Salzige Aromazutaten

Fischsauce

In Südostasien kommt der braunen Sauce aus gesalzenen, fermentierten Fischen und Garnelen die gleiche Bedeutung zu wie in China und Japan der Sojasauce. In Thailand heißt sie *nam pla,* in Vietnam wird ihre mildere Variante *nuoc mam* genannt. Beide werden anstelle von Salz zum Marinieren und Würzen von Gemüse, Fleisch und Fisch sowie zum Abschmecken von Saucen und Dips verwendet.

Haloumi

Dieser aus Zypern stammende Käse wird meist aus einer Mischung von Schafs-, Ziegen- und Kuhmilch hergestellt und reift in Salzlake. Seines salzig-würzigen Aromas wegen wird er – ebenso wie Feta – gerne als würzende Zutat in Salaten und Gemüsegerichten verwendet.

Kapern

Die in Salz eingelegten und dann meist in Essig konservierten Knospen des Kapernstrauchs werden gerne für Saucen verwendet und verleihen den unterschiedlichsten Gerichten eine delikate salzig-säuerliche Note. In Italien werden größere, nur in Salz eingelegte Kapern als Würzzutat bevorzugt. Sie müssen vor der Verwendung 15–20 Minuten gewässert werden.

Klippfisch

Kabeljau oder anderer dorschartiger Fisch, der zuerst stark gesalzen und dann getrocknet wird (von den Fischern früher direkt auf den Klippen), muss vor der Verwendung ausgiebig gewässert werden. Er ist vielseitig verwendbar und ergibt als *brandade,* zu Püree verarbeitet (Rezept Seite 42), einen würzigen Brotaufstrich.

Miso

Diese Paste aus gekochten, fermentierten Sojabohnen, Salz und meist auch Gerste oder Reis ist als Suppengrundlage, Würzzutat und Salzersatz oder Marinade für Fleisch und Fisch vielseitig verwendbar.

Sardellen (Anchovis)

Die kleinen Fische werden im Ganzen oder filetiert in Salz eingelegt und müssen vor Gebrauch abgespült werden. In der mediterranen Küche sind sie als Appetithappen oder Pizzabelag ebenso beliebt wie als würzige Saucenzutat.

Sojasauce

Sojasauce wird aus fermentierten Sojabohnen, Getreide, Salz und Wasser in verschiedenen Konsistenzen und Geschmacksrichtungen hergestellt. Helle Sojasauce ist leicht salzig und etwas feiner im Geschmack als die dunkle, kräftige Variante, die leicht süßlich würzig schmeckt. Dunkle Sojasauce wird z. B. zum Marinieren von Fleisch und Geflügel verwendet, während man mit der hellen Sauce hauptsächlich Gemüse würzt. Japanische Sojasaucen sind generell etwas milder als chinesische. Die indonesische Sojasauce *ketjap manis* ist fast schwarz, dicklich und hat ein kräftiges süßes Aroma, während *ketjap asin* heller, dünnflüssiger und feiner im Geschmack ist.

Zitronen in Salzlake

Die Schale in Salz und im eigenen Saft eingelegter Zitronen (Rezept Seite 12) ist eine unverzichtbare Würzzutat in der arabischen Küche. Sie verleiht Tagine- und anderen Eintopfgerichten, Salaten und Saucen, aber auch Süßspeisen eine charakteristische Würze.

Verzeichnis der Rezepte

A
Aromazutaten, salzige 158
Asiatisches Gewürzsalz 10
Avocado und grüner Salat mit Rosa-Pfeffer-Vinaigrette 102

B
Bloody Mary 90
Brezeln mit rosa Salz 28

C
Cajun-Gewürz 84
Chicken-Nuggets in Paprika-Salz-Kruste 52
Chinesisches Rindfleisch mit gesalzenen schwarzen Bohnen 52

D
Dattel-Nuss-Kuchen mit Anis 150

E
Entenbrust, gebratene, mit Rotwein-Pfeffer-Sauce 112
Erdbeeren mit Vanille-Pfeffer-Sirup und Mascarpone 142

F
Fisch in der Salzkruste mit Kapernsauce 64
Fisch, gebackener, mit Knoblauch und Pfeffer 108

G
Garnelen, gegrillte, mit thailändischem Dip 40
Garnelensuppe, thailändische, mit Pfeffer 96
Gebrannte Creme mit eingelegten Zitronen und Passionsfrucht 74
Geflügelleberpastete mit rosa Pfeffer 86
Gemüsesalat mit Zitronenvinaigrette 64
Gewürzmischung mit Nori, Sesam und rosa Pfeffer 84
Gewürzmischung mit Pfeffer, Parmesan und Rosmarin 84
Gewürzmischungen und Marinaden 84
Gewürzsalz, asiatisches 10
Gewürzschalotten mit rosa Pfeffer 102
Gomasio (japanisches Sesamsalz) 10
Granita mit eingelegten Zitronen 74
Gravlax 16
Grüner Spargel mit Pfeffer-Basilikum-Mayonnaise 96
Gurken, süß-salzig eingelegte 23

H
Hähnchenbrust, gefüllte, mit Cheddar und Tomaten-Salsa 134
Hähnchenbrust, gefüllte, mit Schafskäse und Kapern-Honig-Sauce 70
Hähnchenschenkel, marinierte, mit Pfeffer und Sesam 128
Haloumi, gebratener, mit Zitrone 14
Haselnuss-Gewürz-Dip (dukkah) 23
Hummer mit Sauce Mornay und grünem Pfeffer 122

I
Indische Marinade 10
Indischer Reispudding 156
Indischer Tee mit Pfeffer 144

K
Kartoffel-Fenchel-Auflauf mit Sardellen 68
Kartoffelsalat mit Salami 136
Käsebällchen, pikante, mit Pfeffer und Chili 88
Klippfisch-Dip 42
Klippfisch-Kroketten (accras) mit Safran 30
Kokoskuchen mit schwarzem Pfeffer und Zitronensirup 140

L
Lachs, gegrillter, in Pfefferkruste mit Zitronen-Kräuterbutter 126
Lammrückenfilet in Pistazien-Pfeffer-Kruste 124
Limetten-Pfeffer-Marinade 84

M
Maisbrot mit Oliven, Tomaten und Speck 46
Mandelkrokant mit rosa Pfeffer und Rosenblättern 152

Margarita 42
Marinade mit geräuchertem Paprika, rosa Pfeffer und Knoblauch 84
Marinade, indische 10
Marinade, mediterrane 10
Marmorierte Tee-Eier mit Sesamsalz 23
Mediterrane Marinade 10
Miso-Suppe 34

N
Nudelsuppe, vietnamesische, mit Rindfleisch 106

O
Oliven, eingelegte 18
Olivenbrot mit Rosmarin 34

P
Parmesancracker mit grünem Pfeffer 95
Pfeffer-Rösti mit Gravlax 100
Pfeffersteak 128
Pfeffertarte mit geräucherter Forelle und karamellisierten Zwiebeln 120
Pfirsiche, pochierte, mit Ahornsirup-Creme 144
Pissaladière (Provenzalische Pizza) 60
Poularde, in Salzlake marinierte 60
Pudding „Surprise" mit eingelegter Zitrone und Kardamom 78

R
Ravioli mit Ziegenkäse-Kürbis-Füllung 132
Reispudding, indischer 156
Rhabarber mit schwarzem Pfeffer und Ingwerbaiser 152
Rindfleisch, chinesisches, mit gesalzenen schwarzen Bohnen 52
Rindfleisch, pikantes, aus dem Wok mit Zuckererbsen und Zitrone 114
Rindfleischsalat, thailändischer, mit Curry-Pfeffer-Sauce 114
Roastbeef in der Salzteigkruste 56

S
Saltimbocca 70
Salz in Marinaden und als Streugewürz 10
Salzige Aromazutaten 158
Schafskäse, eingelegter 18
Schinken-Käse-Sandwich mit Pecorino pepato und Spiegelei 39
Schnitzel, paniertes, mit Parmesan und grünem Pfeffer 118
Schweinefilet auf vietnamesische Art 50
Schweinekotelett, geschmortes, mit Pfeffer und süßsauren Birnen 111
Sichuan-Gewürzmischung 10
Spaghetti mit Chorizo, Sardellen, Chili und Knoblauch 48
Spanakopita (Griechische Spinatpastete) 58
Spargel, grüner, mit Pfeffer-Basilikum-Mayonnaise 96

T
Tapenade 34
Tee, indischer, mit Pfeffer 144
Tee-Eier, marmorierte, mit Sesamsalz 23
Thailändische Garnelensuppe mit Pfeffer 96
Thailändischer Rindfleischsalat mit Curry-Pfeffer-Sauce 114
Thunfisch in Pfeffer-Limetten-Kruste mit Wasabi-Mayonnaise 90
Tintenfisch, gebackener, mit Salz und Pfeffer 76

V
Vanille-Pistazien-Eis mit schwarzem Pfeffer 148
Vietnamesische Nudelsuppe mit Rindfleisch 106

W
Wassermelonen-Granita mit Rosenwasser und rosa Pfeffer 138
Wodka-Grenadine mit Salzstäbchen 30

Z
Zitronen, in Salzlake eingelegte 12

Danksagung

Zuallererst möchte ich Catie Ziller danken, von der die Idee zu diesem Buch stammt und die mir mit ihrer redaktionellen Mitarbeit zur Seite stand. Jede Minute hat mir Spaß gemacht. Zudem ist meine Achtung vor Salz und Pfeffer gewaltig gestiegen. Nie mehr werde ich sie gedankenlos verwenden.

Ein großes Dankeschön an das wunderbare Frauenteam, mit dem ich das Glück hatte, an diesem Werk zusammenzuarbeiten. Das große Engagement dieser Frauen, ihr Enthusiasmus und die Effizienz unseres Teams machten das Arbeiten zu einer wahren Freude. Einen Dank auch an meine liebe Michelle Lucia, die mir erlaubt hat, ihre Küche in Beschlag zu nehmen, um die Rezepte auszuprobieren, und die geholfen hat, das Beste aus ihnen herauszuholen. Dank an Penel Grieve, „Versuchskaninchen" und Fels in der Brandung, der mir bei den abschließenden Tests in der wunderbaren Küche meines neuen Hauses mit Rat und Tat zur Seite stand.

Ebenfalls Dank an meinen Sonnenschein Sarah Tildesley, die Meisterin der Haushaltsführung und des Zweirades, die als Letzte zum Team stieß; ihre Schnelligkeit, mit der sie alles Nötige zur Hand hatte, und ihr strahlendes Lächeln waren eine wahre Freude.

Meine ganze Dankbarkeit gilt auch Deirdre Rooney, meiner perfektionistischen Fotografin, die es kategorisch ablehnte, sich mit einer einzigen Einstellung zufrieden zu geben! Danke für einen derart hohen Qualitätsanspruch und für die hervorragende Arbeit.

Dank gebührt auch Jane Campsie, meiner lieben Freundin und exzellenten Stylistin, für das schöne Arbeitsmaterial und die angenehme Unterkunft.

Ein Dankeschön auch an Claire Musters, meine engagierte Verlegerin, die unermüdlich über den reibungslosen Ablauf der Dinge wachte. Ihre Aufmerksamkeit, der nicht das geringste Detail entgeht, ist beeindruckend.

Besondere Erwähnung verdienen meine Freunde Barry, Anton und Christabel, die meine Tochter während meines Aufenthaltes in London verwöhnten.

Zuletzt einen großen Dank an meine Familie und meine Freunde für ihre Zuneigung, ihren Humor und ihre unablässige Unterstützung. Es vergeht kein einziger Tag, an dem ich mich nicht beglückwünsche, so wunderbare Menschen in meinem Leben zu wissen.

Der Verlag dankt Bison Homeware, Ceramica Blue und Sunbeam Appliances, dass sie freundlicherweise Geschirr und alle Utensilien zur Verfügung stellten, die die Realisierung der Rezepte in diesem Buch möglich machten.

Aus dem Französischen übersetzt von
Helmut Ertl
Redaktion: Silvia Rehder
Korrektur: Dr. Michael Schenkel
Umschlaggestaltung: Katharina Franz, kikdesign
Satz: Studio Fink, Krailling

Copyright © 2006 der deutschsprachigen
Ausgabe by Christian Verlag, München
www.christian-verlag.de

Die Originalausgabe mit dem Titel
Sel & Poivre wurde erstmals 2005 im
Verlag Marabout (Hachette Livre), Paris,
veröffentlicht.

Copyright © 2005 Marabout, Paris

Foodstyling: Jody Vassallo, Jane Campsie
Layout: Deirdre Rooney
Die Rezepte wurden bearbeitet und überprüft
von Michelle Lucia und Penel Grieve.

Druck und Bindung: Graficas Estella
Printed in Spain

Alle deutschsprachigen Rechte vorbehalten.

ISBN 3-88472-701-X

HINWEIS
Alle Informationen und Hinweise, die in diesem Buch enthalten sind, wurden von der Autorin nach bestem Wissen erarbeitet und von ihr und dem Verlag mit größtmöglicher Sorgfalt überprüft. Unter Berücksichtigung des Produkthaftungsrechts müssen wir allerdings darauf hinweisen, dass inhaltliche Fehler und Auslassungen nicht völlig auszuschließen sind. Für etwaige fehlerhafte Angaben können Autorin, Verlag und Verlagsmitarbeiter keinerlei Verpflichtung und Haftung übernehmen. Korrekturhinweise sind jederzeit willkommen und werden gerne berücksichtigt.